O pasquim do Calambau

O pasquim do Calambau

Infâmia, sátira e o reverso da Inconfidência Mineira

Álvaro de Araujo Antunes
e Luciano Figueiredo (ORG.)

Chão

CHÃO EDITORA

EDITORA Marta Garcia
EDITOR-EXECUTIVO Carlos A. Inada

CAPA, PROJETO GRÁFICO E DIAGRAMAÇÃO Mayumi Okuyama
PREPARAÇÃO Márcia Copola
REVISÃO Cláudia Cantarin e Isabel Cury
PESQUISA ICONOGRÁFICA Erica Fujito
PRODUÇÃO GRÁFICA E TRATAMENTO DE IMAGENS Jorge Bastos

TRANSCRIÇÃO Álvaro de Araujo Antunes, Luciano Figueiredo e Maria Gabriela Souza de Oliveira
REVISÃO TÉCNICA DA TRANSCRIÇÃO DO *PASQUIM*
Soélis Teixeira do Prado Martins

DADOS INTERNACIONAIS DE CATALOGAÇÃO NA PUBLICAÇÃO (CIP)
(CÂMARA BRASILEIRA DO LIVRO, SP, BRASIL)

O pasquim do Calambau : infâmia, sátira e o reverso da Inconfidência Mineira / Álvaro de Araujo Antunes e Luciano Figueiredo, (org.). – São Paulo : Chão Editora, 2022.

Bibliografia.
ISBN 978-65-80341-04-7

1. Brasil – História – Inconfidência Mineira 2. Imprensa – Brasil – História 3. Sátira brasileira I. Antunes, Álvaro de Araujo. II. Figueiredo, Luciano. Antunes

22-108133 CDD-079.81

Índices para catálogo sistemático
1. Brasil : Imprensa : Pasquins : História 079.81
Eliete Marques da Silva – Bibliotecária – CRB-8/9380

Grafia atualizada segundo as regras do Acordo Ortográfico da Língua Portuguesa (1990), em vigor no Brasil desde 1.º de janeiro de 2009.

chão editora ltda.

Avenida Vieira de Carvalho, 40 — cj. 2
CEP 01210-010 — São Paulo — SP
Tel +55 11 3032-3726
editora@chaoeditora.com.br
www.chaoeditora.com.br

Sumário

IÓ DAS VELH
C O M A R C A
DO
Pitangui
S. Bento de Tamanduá
Campanha da Princeza
R. Bambuí
Sta Anna de Bambuí
Antonio Joaquim
Padre Agostinho
Desempenhado
Perdizes
Diogo Lopes
Trez Barras
Moraes
Viuva
Capitinga
Formiga
R. Formiga
Piumhi
R. Grande
Passage
Pouso alegre
Vera Cruz
Lavras do Funil
R. Funil
Conceição do Pará
Boa Vista
Macedo
Pompeo
Mato Grosso
Barra do Pará
Piracuara
R. Lambari
Pitangui
S. Gonçalo
Cabo Verde
R. Sapucahi
R. Verde
Bagundi
Gurita
Guardas

SE
R
R
COM
A
OU
RO
Venda Nova
Sabará
Vª Nova da Rainha
MARIANNA
VILLA RICA
Queluz
Barbacena
S. Jozé
S. João d'ElRey
Santa Luzia
Congonhas
Cachoeira
Catas Altas
S. Barbara
Sete Lagoas
Pitangui
Sumidouro
Furquim
Inficionado
Camargos
Itaverava
Itatiaia
Ouro Branco
Lavras Novas
Mainarde
Paraopeba
Carandahi
Prados
Barroso
Borda do Campo
Serra do Mello
R. Paraopeba
R. das Mortes
R. Pomba
R. Piranga
R. Doce
R. Sta. Anna
Abre Campo
Antonio Dias abaixo
Itambé
Conceição
Taboca
Jaboticatubas
Rosas Novas
Mello
Morro Vermelho
Redondo
Lagoa Dourada
Simão Pereira
Mathias Barboza
Sta. Rita
S. Gonçalo
S. Manoel
Pinheiro
Tapera
Piranga
Calambáo
Pitangui

Apresentação

Este livro contém um documento aparentemente singelo: o único exemplar que restou das três cópias de um pasquim veiculado no ano de 1798 no pequeno arraial de Calambau, no interior de Minas Gerais. Pasquins eram folhas manuscritas, anônimas, que apareciam nas primeiras horas do dia afixadas em lugares de grande circulação para que fossem lidas em voz alta para os passantes. A perseguição implacável que esse tipo de documento sofreu na época tornou-o extremamente raro.

O "pasquim do Calambau", que veio à luz seis anos depois da condenação dos réus da Conjuração Mineira, relata de maneira satírica a má conduta de um morador local, Manoel Caetano Lopes de Oliveira, ao mesmo tempo que apresenta uma visão incomum do movimento libertário, pois o ataca com ferocidade.

A leitura inicial do pasquim pode parecer trabalhosa, mas, conforme se percorre o texto, descortina-se aos poucos um universo de sentidos. O vocabulário é rústico e a linguagem, impregnada de oralidade, tem a função de cativar a gente simples da rua, os trabalhadores da roça, oficiais mecânicos, homens e mulheres escravizados, vizinhos.

Como o pasquim pretendia devastar a reputação de uma figura de destaque no arraial, coube ao ofendido reagir, movendo uma ação judicial para apurar a autoria dos versos infamantes e punir o responsável. Instaurou-se, então, uma devassa, na qual se coletaram dezenas de depoimentos dos moradores locais, e abriu-se um processo no tribunal da cidade de Mariana para julgar o caso.

Esta edição publica, além do pasquim, a devassa e trechos do processo judicial. Cada um dos relatos pessoais da devassa acrescenta uma peça ao quebra-cabeça que se forma em torno dos eventos cotidianos ligados ao aparecimento do pasquim. O processo, por sua vez, expõe uma calorosa e instrutiva disputa judicial com o uso de categorias processuais pretéritas que revelam tanto semelhanças como diferenças em relação à Justiça de hoje.

A leitura sequencial desses documentos, que se complementam, tem como resultado o desenho de um vasto painel não apenas dos conflitos locais, mas também de episódios marcantes da história do Brasil e das ideias políticas e religiosas em circulação naquele período. Assim, muito além de simples registro de uma queixa provocada por briga de vizinhos em localidade isolada de Minas Gerais, o pasquim do Calambau pretendia atingir ampla audiência e é o indício de uma reação a um mundo em transformação, como se verá no posfácio.

Nos anexos, encontra-se a versão semidiplomática do pasquim, útil para diversos estudiosos, da linguística à cultura dos escritos. Ainda aí, pode-se verificar o desafio enfrentado na transcrição e modernização do manuscrito original. O fac-símile encontra-se a seguir.

A apresentação que o manuscrito fazia aos leitores de outrora aqui se renova para os leitores de hoje: "Abata-se a soberba/ Abata-se assim/ Declaro-me agora/ Que me chamo pasquim".

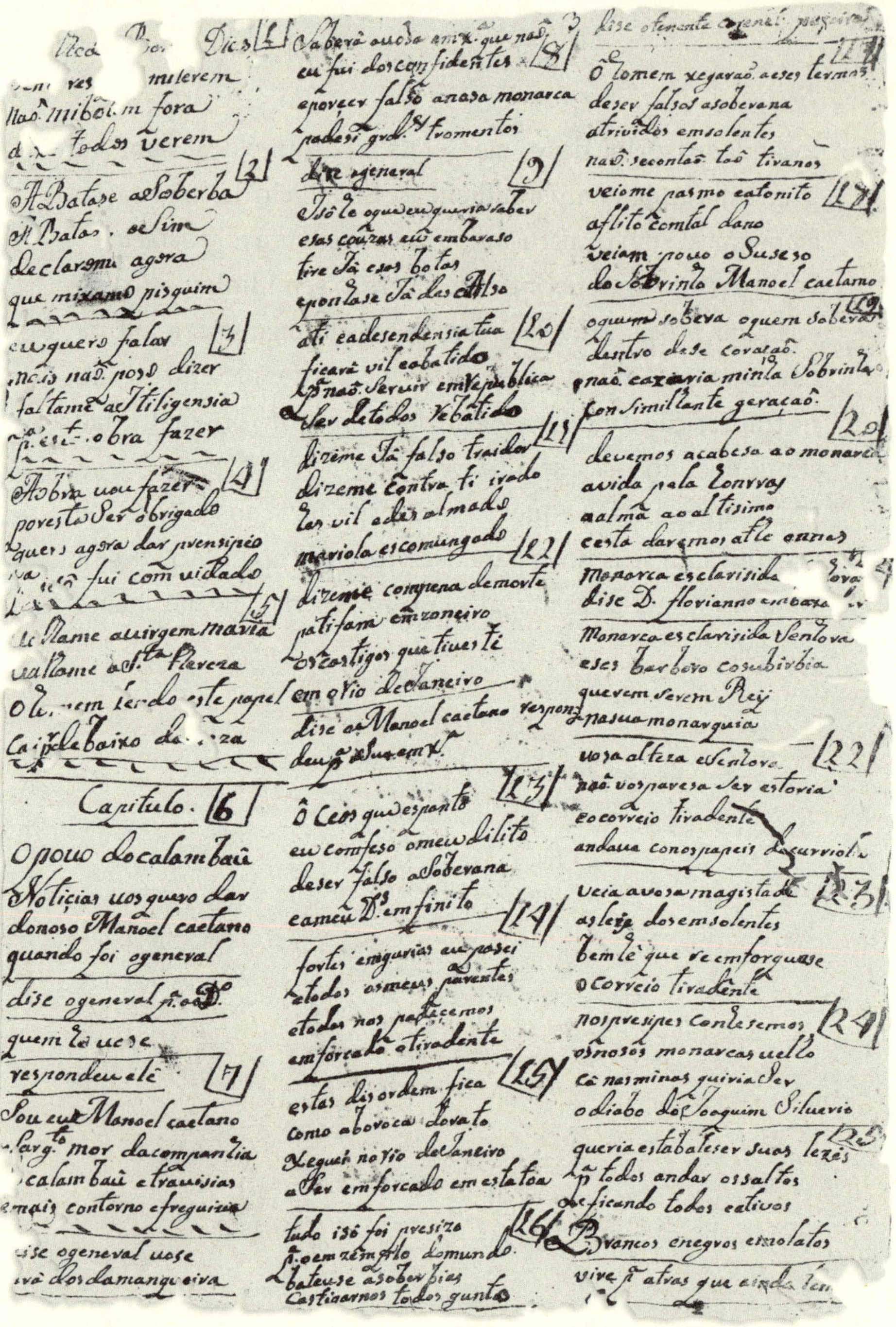
... Dis [1]
... res ... milerem
naõ mibolim fora
d... todos verem
[2]
A Batase a Soberba
A Batos. e Sim
declarame agora
que mixamo pisquim
[3]
eu quero falar
mais naõ posso dizer
faltame a deligensia
p. esta obra fazer
[4]
A obra uou fazer
poresta Ser obrigado
queres agora dar prensipio
... fui com uidado
[5]
... Uame a uirgem maria
ualhame a S.ta Tereza
O ... em ler do este papel
Caio de baixo da ... za

Capitulo. [6]

O pouo do calambaû
Noticias uos quero dar
donoso Manoel caetano
quando foi o general
dise o general p. o [illegible]
quem he uose
respondeu elé
[7]
Sou eu Manoel caetano
Sarg.to mor da companhia
do calambaû e trauisias
e mais contorno e freguezia
... dise o general uose
... da mangueira

Saberá uosa Ex.a que naõ
eu fui dos confidentes [8]
e poreser falso a nosa monarca
padesi grd.s tromentos
[9]
dise o general
Isso he o que eu queria saber
esas couzas eu embaraso
tire ja esas botas
e ponhase ja des [illegible]
ati e a desendensia tua [10]
ficará uil e abatida
p. naõ Seruir em republica
Ser de todos rebatida
[11]
dizeme ja falso traidor
dizeme contra ti irado
[illegible] uil e [illegible] almado
mariola escomungado
[12]
dizeme condena de morte
patifam em zoneiro
os castigos que tiueste
em o rio de Janeiro
dise o Manoel caetano respon
deu p.a Vosa Ex.a
[13]
O Ceos que despanto
eu comfeso o meu dilito
de ser falso a Soberana
e a meu D.s emfinito
[14]
fortes enjurias eu posei
e todos os meus parentes
e todos nos padecemos
enforcado o tiradente
[15]
estas disordem fica
como a bovoca dovato
Xeguei no rio de Janeiro
a Ser emforcado em estatoa
[16]
tudo iso foi presizo
p. o emzemplo do mundo
bateuse a soberbias
Castiganos todos gunto

dise o tenente general p. [illegible]
[17]
O homem xegarao a eses termos
de ser falsos a soberana
atriuidos em solentes
naõ se contaõ taõ tiranos
veiome pasmo e atonito [18]
aflito com tal dano
veiam pouo o Suseso
do Sobrinho Manoel caetano
o quem so Seva o quem soberá [19]
dentro dese coraçaõ
e naõ casaria minha Sobrinha
con similhante geraçaõ
[20]
deuemos a cabesa ao monarca
a uida pela Corroas
a alma ao altisimo
esta daremos a the onnas
Monarca esclarisida [illegible]
dise D. florianno embaxa[illegible]
Monarca esclarisida Senhora
eses barbero cosubirbia
querem serem Reij
nasua monarquia
uosa alteza es Senhora [22]
naõ uos paresa Ser estoria
eo correio tiradente
andaua conos papeis de curriola
ueia a uosa magistade [23]
asleis dos emsolentes
bem he que se emforquase
o correio tiradente
[24]
nos presipes conhesemos
os nosos monarcas uello
co nas minas queria ter
o diabo do Joaquim Siluerio
queria estabaleser suas lezes [25]
p. todos andar ossaltos
e ficando todos catiuos
Brancos e negros emolatos
vive p. atras que ainda ten

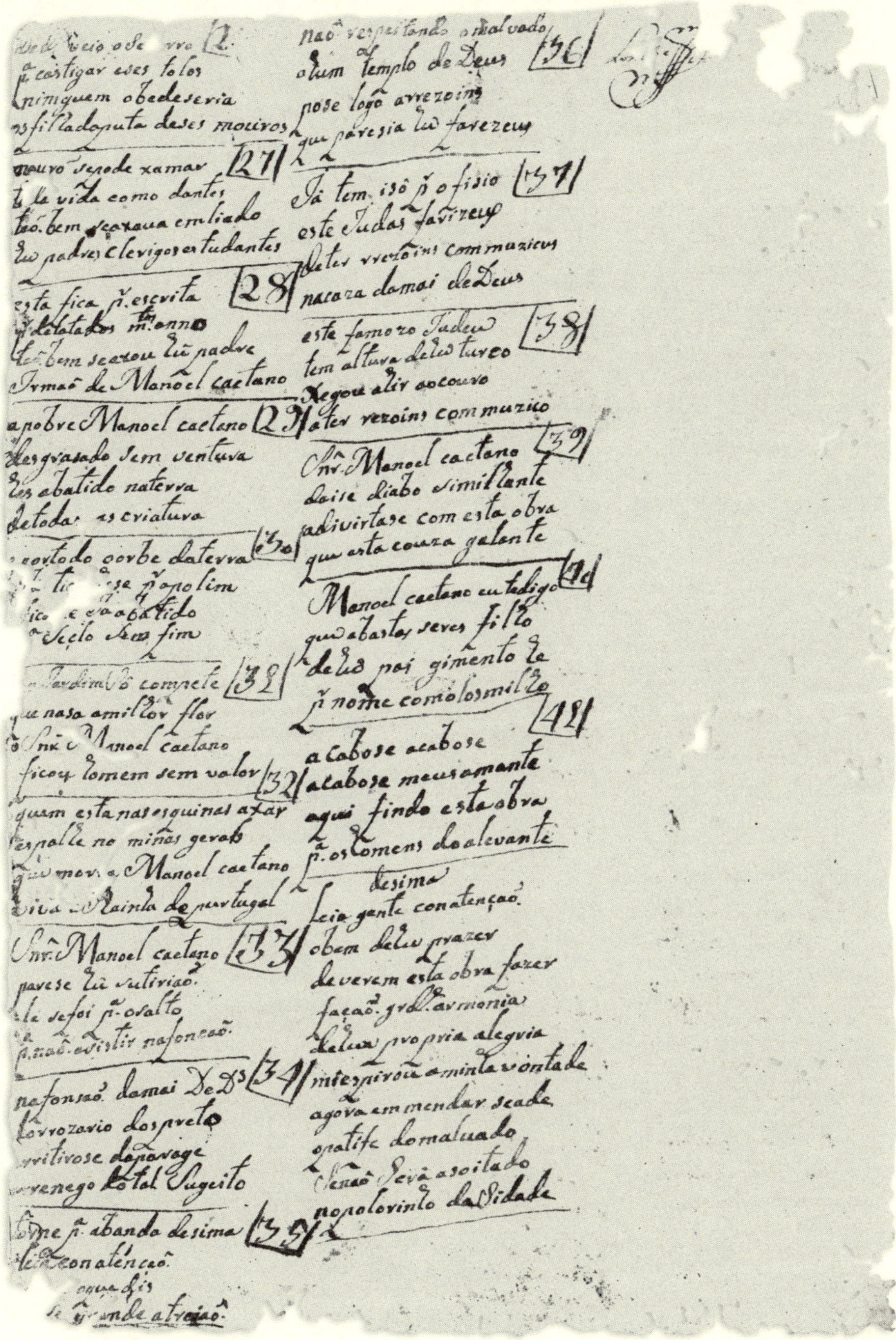

[illegible] veio o se[illegible]vro [26]
p.a castigar eses tolos
ninguem obedeseria
os filhadaputa deses mouros

[27]
mouro se pode xamar
[illegible]la vida como dantes
tão bem se axaua em liado
seus padres clerigos estudantes

[28]
esta fica p.a escrita
p.a delatados m.to enno
tão bem se axou seu padre
Irmão de Manoel caetano

[29]
a pobre Manoel caetano
desgrasado sem ventura
seis abatido naterra
detoda as criatura

[30]
[illegible] todo o orbe daterra
[illegible] p.a o polim
fico [illegible] abatido
[illegible] seclo seu fim

[31]
[illegible] Jardim [illegible] compete
que nasa amilhor flor
o Snr. Manoel caetano
ficou homem sem valor

[32]
quem esta nas esquinas axar
espalhe no minas gerais
que mor. a Manoel caetano
viva a Rainha de purtugal

[33]
Snr. Manoel caetano
parese seu sutirião
[illegible] se foi p.a o salto
p.a não existir nafonsão

[34]
nafonsão domai De D.s
Rozario dos preto
[illegible] se do parage
arrenego de tal Sugeito

[35]
Torne p.a abanda desima
[illegible] com atenção
[illegible] que dis
[illegible] grande atreição

não respeitando o malvado
a hum templo de Deus [36]
pose logo arrezoins
que paresia seu farezeus

[37]
Já tem isô p.o fisio
este Judas farizeu
de ter rrezoins com muzicus
na cara damai de Deus

[38]
este famozo Judeu
tem altura de hu turco
Negou a lir ao couro
a ter rezoins com muzico

[39]
Snr. Manoel caetano
deise diabo similhante
adivirtase com esta obra
que esta couza galante

[40]
Manoel caetano eu te digo
que abastas seres filho
de seu pai gimento ta
p.a nome como los milho

[41]
a Cabose acabose
acabose meus amante
aqui findo esta obra
p.a os homens do alevante

desima
Leia gente con atenção
o bem de seu prazer
deverem esta obra fazer
facão grd.e armonia
de sua propria alegria
inspirou a minha vontade
agora em mendar se ade
o patife do maluado
senão ser a asoitado
no pelorinho da Sidade

Fac-símile dos originais do pasquim do Calambau (frente e verso)

O pasquim

Lhe dê bons-dias | 1 |
Senhores que me lerem
Não me botem fora
Deixem todos verem

Abata-se a soberba | 2 |
Abata-se assim
Declaro-me agora
Que me chamo pasquim

Eu quero falar | 3 |
Mas não posso dizer
Falta-me a inteligência
Para esta obra fazer

A obra vou fazer | 4 |
Por esta ser obrigado
Quero agora dar princípio
Para isso fui convidado

Valha-me a Virgem Maria | 5 |
Valha-me a santa Teresa
O homem lendo este papel
Cai por debaixo da mesa

Capítulo | 6 |
O povo do Calambau
Notícias vos quero dar
Do nosso Manoel Caetano
Quando foi o general[1]

———

Disse o general para o dito

Quem é você?

Respondeu ele | 7 |

Sou eu Manoel Caetano
Sargento-mor da Companhia
Do Calambau e travessias[2]
E mais contorno e freguesia

Disse o general: você
Será dos da Mantiqueira

Saberá a Vossa Excelência que não
Eu fui dos inconfidentes | 8 |
E por ser falso à nossa monarca
Padeci grandes tormentos

—

Disse o general | 9 |

Isso é o que eu queria saber
Essas coisas eu embaraço
Tire já essas botas
E ponha-se já descalço

A ti e a descendência tua | 10 |
Ficará vil e abatido
Para não servirem em República[3]
Ser de todos rebatido[4]

Diz-me já, falso, traidor | 11 |
Diz-me contra ti, irado
És vil e desalmado
Mariola[5] excomungado

Diz-me com pena de morte | 12 |
Patifão inzoneiro[6]
Os castigos que tiveste
No Rio de Janeiro

———

Disse o Manoel Caetano, respondeu
Para a Sua Excelência

Ó céus, que espanto! | 13 |
Eu confesso o meu delito
De ser falso à soberana
E a meu Deus infinito

Fortes injúrias eu passei | 14 |
E todos os meus parentes
E todos nós padecemos
Enforcado o Tiradentes

Estas desordens ficam | 15 |
Como o buraco do rato
Cheguei no Rio de Janeiro
A ser enforcado em estátua[7]

Tudo isso foi preciso | 16 |
Para o exemplo do mundo
Abateram-se as soberbas
Castigar-nos todos juntos

Disse o tenente-coronel Pereira

Os homens chegaram a esses termos | 17 |
De serem falsos à soberana
Atrevidos insolentes
Não se contam tão tiranos

Vejo-me pasmo e atônito | 18 |
Aflito com tal dano
Vejam, povo, o sucesso
Do sobrinho Manoel Caetano

Ó quem soubera, ó quem soubera | 19 |
Dentro desse coração
Não casaria minha sobrinha
Com semelhante geração

Devemos a cabeça ao monarca | 20 |
A vida pelas honras
A alma ao Altíssimo
E esta daremos até anos

—

Monarca esclarecida senhora | 21 |
Disse d. Floriano,[8] embaixador

Monarca esclarecida senhora
Esses bárbaros com soberba
Querem ser reis
Na sua monarquia

Vossa Alteza e senhora | 22 |
Não vos pareça ser estória
E o correio[9] Tiradentes
Andava com os papéis de corriola[10]

Veja a Vossa Majestade | 23 |
As leis dos insolentes
Bem é que se enforcasse
O correio Tiradentes

Nos príncipes conhecemos | 24 |
Os nossos monarcas velhos
Cá nas Minas queria ser
O diabo do Joaquim Silvério

Queria estabelecer suas leis | 25 |
Para todos andar a saltos[11]

E ficando todos cativos
Brancos, negros e mulatos

Vire para trás que ainda tem mais

—

De Deus veio o socorro | 26 |
Para castigar esses tolos
Ninguém obedeceria
Os filhos da puta desses mouros

Mouros se pode chamar | 27 |
Toda vida como dantes
Também se achavam aliados
Uns padres, clérigos, estudantes

Esta fica por escrita | 28 |
Por dilatados muitos anos
Também se achou um padre
Irmão de Manoel Caetano

Ah, pobre Manoel Caetano | 29 |
Desgraçado sem ventura
És abatido na Terra
De todas as criaturas

E por todo o orbe[12] da Terra | 30 |
Já te conhecem por Apoliom[13]
Ficas desde já abatido
Para séculos sem fim

No jardim só compete | 31 |
Que nasça a melhor flor
O senhor Manoel Caetano
Ficou homem sem valor

Quem este nas esquinas achar | 32 |
Espalhe nas Minas Gerais
Que morra Manoel Caetano!
Viva a rainha de Portugal!

Senhor Manoel Caetano | 33 |
Parece um centurião
E lá se foi para o salto[14]
Para não assistir na função[15]

Na função da Mãe de Deus | 34 |
Do Rosário dos Pretos[16]
Arretirou-se da paragem
Arrenegou do tal sujeito

Torne para a banda de cima | 35 |
E leia com atenção
E verá o que diz
Desse grande a traição

Não respeitando o malvado| 36 |
A um templo de Deus
Pôs-se logo as razões[17]
Que parecia um fariseu

Já tem isso por ofício | 37 |
Este Judas fariseu
De ter razões com músicos
Na casa da Mãe de Deus

Este famoso judeu | 38 |
Tem altura de um turco
Chegou a ir ao coro
A ter razões com músico

Senhor Manoel Caetano | 39 |
Dá-se diabo semelhante!
Advirta-se com esta obra
Que está coisa galante

Manoel Caetano eu te digo | 40 |
Que já basta seres filho
De um pai jumento e
Por nome Come-lhe os Milhos[18]

Acabou-se, acabou-se | 41 |
Acabou-se, meus amantes,
Aqui findo esta obra
Para os homens do levante[19]

Décima

Leia, gente, com atenção
Ou bem de um prazer
De verem esta obra fazer
Façam grande harmonia
De uma própria alegria
Me inspirou a minha vontade
Agora emendar-se há de
O patife do malvado
Senão será açoitado
No pelourinho da cidade

A devassa[1]

Mariana, 14 de julho de 1798

O sargento-mor Manoel Caetano Lopes de Oliveira
queixoso

Tabelião Silveira

AUTO DE DEVASSA

Ano de nascimento de Nosso Senhor Jesus Cristo de mil setecentos [e] noventa e oito, aos vinte e um dias do mês de junho do dito ano, desta leal cidade[2] Mariana, no cartório do Segundo Tabelião que ao presente sirvo aí apareceu presente o queixoso sargento-mor Manoel Caetano Lopes de Oliveira, pelo qual me foi dada uma sua petição com o seu despacho, nela posto pelo sargento-mor Lizardo Coelho Martins, vereador mais velho no Senado da Câmara e no corrente ano juiz de fora[3] e órfãos[4] por bem da Ordenação nesta mesma cidade e seu termo[5] com alçada no cível e no crime. E também com a mesma petição um pasquim declarado, na mesma petição, requerendo-me que por bem da sua justiça lhe aceitasse a mesma e o referido pasquim e autuasse, a qual por me ser distribuída por ele, dito ministro, aceitei, autuei, e tudo é o que ao diante se segue. E de tudo para constar fiz este termo de autuação eu, Manoel Ferreira Lomba, tabelião que escrevi.

A Silveira em 20 de janeiro de 1798
Martins

Diz o sargento-mor Manoel Caetano Lopes de Oliveira, morador no Calambau, freguesia de Guarapiranga, que vivendo manso, quieto e pacífico, sem injuriar nem dar causas a ser injuriado, sucede que na manhã do dia quatorze do presente mês de junho deste presente ano, aparecessem [nesse] [pe]queno arraial do Calambau, que é filial da dita [freguesia], três pasquins dos quais se ajunta um, dos mais injuriosos e pungentes contra a honra, procedimento e fidelidade do suplicante, ainda ofensivos a outras mais pessoas, e ao Supremo Governo, afixados nos lugares mais públicos daquele arraial, para que suas desabridas infâmias fossem lidas por todo o povo e espalhadas em todo o mundo com refinado ânimo de injuriar e infamar todas as pessoas que ali se expressam com seus próprios nomes e [cargos]. [A] letra dos ditos pasquins é da própria mão e punho de Raimundo de Penaforte, morador no mesmo arraial e caixeiro[6] do alferes[7] Domingos de Oliveira Álvares, com quem vive e a quem é subordinado, que lhe mandou fazer então de endechas[8] ou trovas que costuma fazer o dito suplicado. Tudo obrado em ódio e despique[9] de várias demandas que entre si trazem o suplicante com o suplicado amo.[10] E é tão certo mandasse este àquele fazer as ditas trovas, que muitos dos ditos convícios[11] nele expressados, quais os de rei, régulo,[12] levantado e ladrão, publicou o suplicado amo naquele arraial contra o suplicante no dia quatro deste mesmo mês de que pende ação de injúria e com os ditos pasquins se acha o suplicante tão atrozmente afrontado que de boa vontade perdera quanto tem ou deixara licitamente de lucrar cem mil cruzados. E porque o caso na forma da Lei Novíssima[13] é de devassa a requerer [corroído] contra os suplicados e outras quaisquer pessoas que fossem auxiliadores, compartes ou sabedores da dita fação, procedendo-se à prisão a fim de serem punidos segundo a lei e gravidade do delito para satisfação do suplicante, emenda dos réus e exemplo da República, pro[corroído]tando-se na dita devassa distintamente pelo reconhecimento da letra dos pasquins, capacidade dos fatos, ódio e rancor do suplicado amo contra o suplicante, e sobre toda e qualquer notícia que corra a respeito dos autores, auxiliadores, compartes e sabedores de quem afixou os ditos pasquins, a fim de que se venha no conhecimento da verdade e fama pública e que distribuída se sirva Vossa Mercê de se aprontar com oficial perito para ir ao sítio tirar a dita devassa e proceder contra os culpados, e que o tabelião rubrique o dito pasquim incluso.

Pede a Vossa Mercê seja servido assim o mandar assinando o dia para a dita devassa.

De punho proceda-se a devassa e depósito

Martins

Espera a Real Mercê

TERMO DE JURAMENTO

Aos vinte e um dias do mês de junho de mil setecentos e noventa e oito anos, nesta leal cidade de Mariana, em casas de residência do sargento-mor Lizardo Coelho Martins, vereador mais velho no Senado da Câmara desta cidade, e no corrente ano juiz de fora e órfãos por bem da Ordenação nesta mesma cidade e seu termo, onde eu tabelião ao diante nomeado fui vindo e sendo, aí apareceu presente o sargento-mor Manoel Caetano Lopes de Oliveira, morador no arraial do Calambau, freguesia do Guarapiranga, termo desta cidade, pessoa reconhecida de mim, tabelião, ao diante nomeado pelo próprio de que faço menção e dou fé, ao qual diferiu o dito ministro o juramento dos Santos Evangelhos em um livro deles, em que pôs sua mão direita, sob cargo do qual lhe encarregou jurasse se com verdade, sem dolo, malícia ou calúnia, requeria a devassa sobre os pasquins, declarada em sua petição retro e seu conteúdo na mesma petição era verdade. E recebido por ele o dito juramento, debaixo do cargo do mesmo disse que jurava em sua alma, sem dolo, malícia ou calúnia, requeria a devassa declarada em sua petição, por entender que tem justiça e que o conteúdo na mesma petição é verdade, que pretende provar. E de como assim o disse, e jurou, fiz este termo e em que assinou com o dito ministro e eu, Manoel Ferreira Lomba, tabelião, o escrevi.

Manoel Caetano Lopes de Oliveira
Martins

TERMO DE DEPÓSITO

Aos vinte e um dias do mês de junho de mil setecentos e noventa e oito anos, nesta leal cidade Mariana, no cartório do Segundo Tabelião que no presente sirvo e sendo, aí apareceu presente o capitão José Pedro Fernandes, morador nesta cidade, na qual tem bens de raiz, que reconheço pelo próprio de que faço menção e dou fé, e por ele me foi dito em presença das testemunhas abaixo assinadas que por haver recebido do queixoso, o sargento-mor Manoel Caetano Lopes de Oliveira, a quantia de vinte mil-réis para depósito da devassa junto requerida, pelo mesmo sobre os pasquins que apareceram públicos no arraial do Calambau, se obrigava por sua pessoa e bens presentes e futuros a satisfazer a dita quantia depositada para emenda e satisfação, e cumprimento do que se determinam e dispõem as leis em semelhantes casos, às quais se sujeitava e obrigava às penas das mesmas, como fiel depositário, e a não dispor da referida quantia de vinte mil-réis sem especial ordem de justiça. E de como assim o disse e se obrigou, fiz este termo de depósito, em que se assinou com as testemunhas abaixo assinadas e eu, Manoel Teixeira Lomba, tabelião, que o escrevi.

José Pedro Fernandes
José Antônio de [Carvalho Souza]
Francisco dos Santos [Lisboa]

Inquirição de testemunhas para serem devassamente inquiridas sobre os pasquins declarados no auto

ASSENTADA[14]

Aos vinte [e] sete dias do mês de junho de mil setecentos [e] noventa e oito anos, neste arraial de Calambau, freguesia de Guarapiranga, termo da leal cidade Mariana, aonde eu, tabelião ao diante nomeado fui vindo, com o sargento-mor Lizardo Coelho Martins, vereador mais velho no Senado da Câmara da dita cidade no corrente ano, juiz por bem das Ordenações no mesmo seu termo, com alçada no cível e crime, e vindo aí para efeito de se perguntarem e inquirirem devassamente sobre o caso recontado no auto da devassa de pasquim que forem apresentadas por parte do queixoso, o sargento-mor Manoel Caetano Lopes de Oliveira, aí apareceram presentes as testemunhas adiante nomeadas, das quais seus nomes, cognomes, idades, moradas, viveres, ditos costumes são os que ao diante se seguem, e para constar fiz este termo eu, Manoel Teixeira Lomba, tabelião, que escrevi.

O capitão Dionísio da Silva Ribeiro homem branco morador no arraial do Calambau, que vive de negócio de fazenda seca,[15] de idade que disse ser de cinquenta e cinco anos pouco mais ou menos,[16] testemunha a quem o dito ministro deferiu o juramento dos Santos Evangelhos em um livro deles em que pôs sua mão direita, sob cargo do qual lhe encarregou para [que] jurasse a verdade do que soubesse e fosse perguntado pelo conteúdo no auto da devassa requerida por parte do queixoso, o sargento-mor Manoel Caetano Lopes de Oliveira, sobre os pasquins contra o mesmo queixoso e recebido por ele o dito juramento, debaixo do cargo do mesmo, prometeu jurar a verdade de que soubesse e perguntado lhe fosse como lhe estava encarregado.

E sendo ele, testemunha, perguntado pelo conteúdo no auto da devassa, disse que sabe, por ver na manhã do dia quatorze do corrente mês e ano, amanhecer dois pasquins que ele testemunha viu, um pregado em um esteio na esquina da entrada neste arraial, vindo do Guarapiranga, e outro nas casas novas de Nossa Senhora do Rosário, e ouviu ele, testemunha, dizer publicamente que aparecera na mesma manhã em outro lugar outro pasquim pregado, sendo os três todos de um teor principalmente os que ele, testemunha, viu pregados nos referidos lugares. E sendo-lhe mostrado o que se acha junto ao auto da devassa, disse que reconhecia ser um dos que ele, testemunha, viu fixados na referida manhã e dia, e sendo-lhe outrossim mostradas as letras da carta, recibo, conta que se acha junta e também um manuscrito intitulado "Juízo universal de cada ano",[17] tudo contemplado na petição do queixoso que se acha junta a folhas, disse que reconhece serem os ditos papéis escritos pela própria mão e punho de Raimundo Penaforte e, combinados com a letra do declarado pasquim, disse que esta é muito semelhante e tem letras muito próprias à dos referidos papéis, que ele testemunha já disse reconhecer por ter visto escrever, e por isso pleno conhecimento da letra do dito Raimundo, caixeiro do alferes Domingos de Oliveira Álvares, que traz pleitos, rixa e grande inimizade com o queixoso o sargento-mor Manoel Caetano Lopes de Oliveira. E que é verdade que no dia quatro do presente mês, indo ele, testemunha, pela ponte deste arraial ouviu ao referido alferes Domingos de Oliveira Álvares dizer ao sobredito sargento-mor Manoel Caetano Lopes de Oliveira, em presença do mesmo e em vozes muito altas e desabridas, as seguintes expressões "Aqui del-rei[18] contra este ladrão que me quer roubar; este régulo da Coroa, este inconfidente que queria ser rei no campo" e outras muitas [assaz] injuriosas, estando na ocasião presentes Felisberto Antônio Leal, morador na aplicação[19] deste arraial, e Joaquim de [Moura], boticário no mesmo arraial. E mais não disse do auto, nem dos costumes do auto, que assinou com o dito ministro e eu, Manoel Teixeira Lomba, tabelião, que o escrevi.

Dionísio da Silva Ribeiro [Guimarães]

Manoel da Costa Nogueira, homem branco, morador neste arraial do Calambau, freguesia de Guarapiranga, termo da leal cidade Mariana de idade que disse ser de setenta e cinco anos; pouco mais ou menos, [...] disse que ele, testemunha, sabe, por ser público neste arraial, que no mesmo, em uma manhã, cujo dia ao certo não lembra, apareceram uns pasquins, dos quais ele, testemunha, viu os que se acham junto ao auto da devassa, e sendo-lhe os mesmos mostrados, disse ser o próprio que ele, testemunha, viu neste arraial; e sendo-lhe perguntado se reconhecia a letra dos mesmos pasquins, disse que a mesma letra é muito semelhante à de Raimundo de Penaforte, morador neste arraial e caixeiro do alferes Domingos de Oliveira Álvares. Porque ainda que a mesma mostra que se quis mudar tem letras muito próprias às do dito Raimundo, sendo-lhe mostrado o manuscrito intitulado "Juízo universal de cada ano", e a carta, recibo e conta que se acham junto aos autos da presente devassa, disse que reconhece ser tudo feito pela própria mão e punho do referido Raimundo de Penaforte, por ter pleno conhecimento em razão de o ter visto escrever e assinar muitas vezes e que o dito manuscrito que neste auto [lhe foi] apresentado ele, testemunha, o viu escrever por vezes ao referido Raimundo. E que outrossim sabe por ver que o sargento-mor Manoel Caetano Lopes de Oliveira vive e tem sempre vivido neste arraial muito pacífica e prudentemente, tratando a todos com muita civilidade, e [hachura] e que sabe, por ser público neste arraial, que no dia quatro do corrente mês e ano o alferes Domingos de Oliveira Álvares publicamente na rua gritara em vozes altas na presença do dito sargento-mor Manoel Caetano Lopes contra este as seguintes expressões "Aqui del-rei contra este ladrão, régulo, levantado e inconfidente à Coroa, que queria ser rei no campo" e outras muitas expressões injuriosíssimas, e outrossim sabe ele, testemunha, pelo ver que o dito alferes Domingos de Oliveira tem a maior rixa de inimizade com o sargento-mor Manoel Caetano Lopes de Oliveira, com quem traz pleitos em juízo muito [renhidos]. E mais não disse, nem dos costumes, e assinou seu juramento [...]

Manoel da Costa Nogueira
Martins

Luís José da Costa, homem pardo, morador neste arraial de Calambau, freguesia do Guarapiranga, e termo da cidade Mariana que vive de ser serigueiro[20] e da arte da música, de idade que disse ser de trinta e cinco para trinta e seis anos pouco mais ou menos, [...] disse que ele, testemunha, sabe por ser muito público e notório e constante neste arraial que no dia quatorze deste corrente mês e ano apareceram em várias partes deste arraial três pasquins pregados. E sendo-lhe mostrado o que se acha junto aos autos da presente devassa, disse que reconhece um dos referidos pasquins que ele então viu e que reconhece ser o mesmo feito pela própria mão e punho de Raimundo de Penaforte, em razão de ter pleno conhecimento da letra do mesmo, em razão de o ter visto escrever muitas vezes, porque suposto que quisesse mudar a letra o não pôde fazer no todo, pois tem letras muito próprias à do dito Raimundo. E sendo-lhe mostrada a carta, recibo e conta que se acha junta dos autos desta devassa, e também o caderno manuscrito intitulado "Juízo universal de cada ano", disse que reconhece ser tudo feito pela própria mão e punho do Raimundo de Penaforte, ao qual viu ele, testemunha, escrever pelo próprio Raimundo de Penaforte. E combinadas as referidas letras com a do pasquim, disse que está bem patente serem todas feitas pelo mesmo punho e que outrossim sabe ele, testemunha, em razão de residir neste arraial há dois anos, que o sargento-mor Manoel Caetano Lopes de Oliveira vive neste arraial muito manso, pacífico, urbano e obsequioso, tratando a todos com muita civilidade; e outrossim sabe ele, testemunha, que no dia quatro deste mesmo mês e ano que, em ocasião em que o referido sargento-mor mandava fincar um esteio nas suas terras para levantar umas casas, rompeu no maior desatino o alferes Domingos de Oliveira Álvares, gritando "Aqui del-rei" contra o mesmo sargento-mor, gritando que ele era um ladrão que o queria roubar e que era régulo, inconfidente à Coroa, além de outras muitas palavras injuriosas que [presenciaram] o capitão Dionísio Álvares Ribeiro Guimarães,[21] um Gaspar de tal e um Vicente e outras muitas pessoas. E mais não disse, nem dos costumes, e assinou [...]

Luís José da Costa
Martins

Luís dos Santos, homem branco, morador no arraial de Calambau, freguesia do Guarapiranga, termo da leal cidade Mariana, que vive de seu ofício de latoeiro,[22] de idade que disse de quarenta e três anos, [...] disse que na manhã do dia quatorze do corrente mês e ano apareceram neste arraial dois pasquins pregados nos lugares públicos do mesmo, os quais ele, testemunha, viu e ouviu dizer geralmente que aparecera outro pasquim na mesma manhã, o qual ele, testemunha, não viu e que todos estavam feitos pelo mesmo teor, o que ele, testemunha, não diz que leu. E sendo-lhe mostrado o que se acha a folhas nos autos da presente devassa, disse que reconhecia ser um dos que ele testemunha leu e outrossim disse que suposto quiseram mudar a letra, contudo não a puderam desfigurar, porque a mesma tinha o talho[23] da letra de Raimundo [corroído] Penaforte, morador neste arraial [corroído], caixeiro do alferes Domingos de Oliveira Álvares, pelo pleno conhecimento que tem da letra do mesmo, por tê-lo visto escrever muitas vezes e ter em seu poder escritos do mesmo. Sendo-lhe mostradas as escritas do caderno intitulado "Juízo universal de cada ano" e os da carta, recibo e conta que se acham junto a estes autos, disse que as mesmas são feitas pela própria mão e punho de Raimundo de Penaforte e, combinadas as sobreditas escritas com a do pasquim, disse que reconhecia serem todas feitas pelas mãos, punho do sobredito Raimundo por se não diferenciarem no talho; e outrossim disse que sabe por ser muito público que nos princípios deste mês, estando o sargento-mor Manoel Caetano Lopes de Oliveira neste arraial, no mesmo ato rompeu em vozes muito altas o referido alferes Domingos de Oliveira Álvares com expressões injuriosas, pondo as mãos na cabeça e gritando "Aqui del-rei" contra o mesmo sargento-mor que lhe queria roubar as suas terras, e que era um inconfidente e falso à Coroa, e que queria ser rei nesta terra, e que as ditas expressões foram feitas na presença de muitas pessoas, e o mesmo alferes Domingos de Oliveira Álvares disse a ele, testemunha, porque nesta ocasião se achava em Vila Rica para onde logo depois foi o dito alferes, que tinha cá havido um grande barulho e que ele tinha descomposto ao referido sargento-mor, o qual ouviu ele, testemunha, geralmente que se portou na presente ocasião com muito sofrimento e prudência com a qual de costume sempre se porta, pois trata a todos com muita civilidade e benignidade, e mais não disse, e dos costumes disse ser compadre do queixoso e assinou [...].

Luís dos Santos
Martins

Gaspar Moreira de Oliveira homem branco, morador neste arraial do Calambau, que vive de seu negócio, de idade que disse ser de quarenta e sete anos [...] disse que sabe por ser muito público e notório neste arraial que na manhã do dia quatorze deste presente mês e ano apareceram pregados nos lugares públicos do mesmo três pasquins, e que ele testemunha viu um deles, se bem que não leu o qual viu na mão do queixoso o sargento-mor Manoel Caetano Lopes de Oliveira que lhe entregara um rapaz que o havia arrancado. E sendo-lhe mostrado o que se acha junto [aos] autos da presente devassa, disse ser o mesmo que se acha junto ao auto da presente devassa, e sendo-lhe outrossim mostrado o caderno intitulado "Juízo universal de cada ano" e a carta, recibo e conta junta ao mesmo auto da devassa, disse que a letra das sobreditas escritas é parecida no talho à do referido pasquim, se bem que ele das mesmas não tem os maiores conhecimentos. E outrossim disse que ele, testemunha, sabe por ouvir dizer a várias pessoas que no dia quatro do corrente mês e ano, estando o sargento-mor Manoel Caetano Lopes de Oliveira mandando fincar um esteio, se lhe opôs o alferes Domingos de Oliveira Álvares, chamando-o na sua mesma presença "régulo, se ele era pontífice ou bispo, e que fazia pouco caso das justiças, da Igreja e de Sua Majestade". E mais não disse do conteúdo no auto da devassa; que assinou. [...]

Gaspar Moreira de Oliveira
Martins

Leandro da Silva, homem crioulo,[24] morador neste arraial do Calambau, que vive de seu negócio de vender ao povo na sua venda de molhados,[25] de idade que disse ser de quarenta e sete anos [...] que no dia quatorze deste corrente mês e ano se pregaram dois pasquins, um na esquina por detrás da igreja, e outro nas casas do patrimônio de Nossa Senhora do Rosário. E sendo-lhe mostrado o que se acha junto aos autos da presente devassa, disse que era o mesmo que ele, testemunha, havia visto no referido dia e que não só a letra, mas também os algarismos eram muito próprios aos que ele testemunha tem visto escrever a Raimundo de Penaforte Lopes.[26] E sendo-lhe mostrado o caderno manuscrito, intitulado "Juízo universal de cada ano" e a carta, recibo e conta, que se acham junto aos autos da presente devassa, disse que reconhece ser tudo escrito pela própria mão e punho do mesmo Raimundo. E combinadas as ditas letras com a do pasquim, que se acha junto também aos mesmos autos, disse que muitas letras [deste], e o mesmo talho da letra mostra serem semelhantes às do referido caderno, carta, e conta e recibo e que tudo fora feito pela própria mão do mesmo Raimundo; e outrossim no dia quatro do mês presente, e ano, estando presente o sargento-mor Manoel Caetano Lopes de Oliveira mandando fincar um esteio defronte da porta dele, testemunha, começou o alferes Domingos de Oliveira Álvares na rua a descompor com palavras muito injuriosas, pondo as mãos na cabeça e gritando "Aqui del-rei contra este ladrão que me quer roubar a minha fazenda, é um régulo, levantado, inconfidente à Coroa, e que queria ser rei do campo". Na ocasião se levantou do lugar em que estava sentado o referido queixoso, o sargento-mor desabotoando a veste, e dizendo em altas vozes que vissem que ele não trazia arma alguma para ofender ao dito alferes, o qual é morador neste arraial e caixeiro da sua loja o sobredito Raimundo. E mais não disse do conteúdo no auto da presente devassa, e assinou [...]

Leandro da Silva
Martins

João Carvalho da Silva, homem pardo, morador há mais de um ano neste arraial, que vive de sua arte de pintar, de idade que disse ser de sessenta e três anos pouco mais ou menos [...] disse que sabe por ser público e notório que no dia quatorze do corrente mês e ano apareceram de manhã dois ou três pasquins pregados nos lugares públicos deste arraial, dos quais ele, testemunha, viu um que esteve em poder de Gaspar Moreira, que dizem fora o que o havia arrancado, o qual era próprio ao que se acha junto ao auto da presente devassa, o qual sendo mostrado a ele, testemunha, e também o dito caderno manuscrito intitulado "Juízo universal de cada ano" e a carta, recibo, e conta que se acham junto ao auto da presente devassa, combinando ele testemunha as referidas letras, disse que eram em tudo semelhantes e muito próprias à do referido pasquim e que todas ele reconhece pela própria mão e punho de Raimundo de Penaforte Lopes, morador neste arraial, e caixeiro do alferes Domingos de Oliveira Álvares, por ter pleno conhecimento da letra do mesmo Raimundo por tê-lo visto escrever muitas vezes, e por ter tido contas na casa, e o mesmo Raimundo lhe ter apresentado os assentos feitos por ele mesmo, de que ele, testemunha, era na mesma devedor; e outrossim disse que sabe pelo ver, desde que mora ele, testemunha, neste arraial, que o queixoso sargento-mor Manoel Caetano Lopes de Oliveira trata a todos, ainda pardos e pretos, em toda a civilidade e política, sem ofender a pessoa alguma. E que outrossim sabe ele, testemunha, por ter presenciado, que no dia quatro do presente mês e ano, estando o queixoso, o sargento-mor Manoel Caetano, mandando abrir um buraco para meter um esteio, saiu da sua loja para a rua o predito alferes Domingos de Oliveira Álvares, gritando contra o referido queixoso na presença do mesmo sendo em vozes altas "Aqui del-rei contra o sargento-mor Manoel Caetano que me vem roubar, e que era um régulo, inconfidente à Coroa, por não poder ser rei no campo, queria ser rei neste arraial", praticando outras muitas expressões em presença de Joaquim José de Moura, boticário, neste mesmo arraial, e Manoel Lopes e o capitão Dionísio, e outros muitos em qual ouviram e portou muito prudente o dito queixoso, desabotoando as suas roupas, e pedindo que fossem testemunhas de que ele não trazia armas, nem ofendia ao dito alferes que o insultando estava. E mais não disse nem dos costumes e assinou [...]

João Carvalho da Silva
Martins

Alferes José Vicente Ribeiro, homem branco, morador neste arraial, que vive de seu negócio de fazenda seca, de idade que disse ser de trinta e três anos, pouco mais ou menos, [...] disse que sabe por ser bem público, e constante neste arraial, que na manhã do dia quatorze do presente mês e ano apareceram dois pasquins pregados nos lugares públicos do mesmo, dos quais ele testemunha viu um que é o próprio que se acha junto ao presente auto de devassa, o qual lhe sendo mostrado e as letras da carta, recibo e conta, juntos também ao mesmo auto, e também o manuscrito que principia "Juízo universal de cada ano", disse que reconhece as referidas letras do referido manuscrito, conta, recibo e carta serem escritas pela própria mão e punho do Raimundo, caixeiro do alferes Domingos de Oliveira Álvares, em loja que o mesmo tem neste arraial e que o talho e muitas letras do referido pasquim são próprias à das declaradas escritas do recibo, conta, carta e manuscrito junto ao mesmo auto. E que outrossim no dia quatro do corrente mês e ano, estando o queixoso e sargento-mor Manoel Caetano Lopes mandando abrir um buraco para fixar um esteio, estando ele, testemunha, em sua casa, ouviu gritar "Aqui del-rei contra este ladrão que me vem roubar", e vindo ele, testemunha, distante mas à vista do lugar, presenciou que as ditas expressões eram contra o queixoso, o sargento [sic] Manoel Caetano Lopes, que estava manso e pacífico apesar de muitas expressões injuriosas que o dito alferes Domingos de Oliveira proferiu nesta ocasião, chamando-o de régulo, pouco temendo a Deus, o que ele, testemunha, já não chegou a tempo de ouvir, mas que ouviu dizer, a quem lhe ouviu, e que assim sabe mais por ver que o alferes Domingos de Oliveira é inimigo capital do queixoso, o sargento-mor Manoel Caetano Lopes de Oliveira, com quem tem pleitos e rixas. E mais não disse, do auto da presente devassa nem dos costumes, e assinou seu juramento [...]

José Vicente Ribeiro
Martins

José da Silva Ribeiro, homem pardo, morador neste arraial, que vive de seu ofício de carpinteiro e da sua roça, de idade que disse de vinte e dois para vinte e três anos [...] disse que, sendo-lhe mostrado o pasquim que se acha junto ao auto da presente devassa, reconhece ser o próprio que ele, testemunha, viu e que foi constante aparecer pregado em um dos lugares públicos [do] dito arraial, e achado no dia quatorze do corrente mês e ano. E que reconhece ser o dito pasquim escrito pela própria mão e punho de Raimundo Lopes, por ter pleno conhecimento da letra do mesmo por tê-la visto muitas vezes, porque ainda que a letra do mesmo pasquim fosse feita com diligência para desfigurar o seu talho, é muito própria à letra do mesmo Raimundo, e sendo-lhe mostrado o manuscrito intitulado "Juízo universal de cada ano" e também a carta, conta e recibo que se acham junto ao mesmo auto da presente devassa, disse que reconhece serem as letras dos mesmos pasquins escritos pela própria mão e punho do referido Raimundo, e combinadas com a do pasquim reconhece serem muito semelhantes a letra do mesmo e a dos referidos papéis. E outrossim disse ele, testemunha, que no dia quatro do presente mês e ano, estando o queixoso, o sargento-mor, mandando abrir um buraco para fincar um esteio, saiu o alferes Domingos de Oliveira Álvares na presença do referido queixoso, gritando "Aqui del-rei contra este ladrão que me vem roubar", chamando ao mesmo queixoso régulo, levantado, que queria dar-lhe na sua porta, e que era inconfidente à Coroa, proferindo estas próprias expressões que se acham escritas no referido pasquim. E neste ato desapertou o referido queixoso a veste, abrindo-a, e dizendo que fossem testemunhas de que ele não trazia armas algumas, nem queria ofender ao referido alferes Domingos de Oliveira Álvares, e que desde que mora neste lugar o referido queixoso trata e tratou sempre a todos com muita cortesia e benignidade, e que às ditas descomposturas que fez o declarado alferes Domingos de Oliveira se acharam presentes o capitão Dionísio da Silva Ribeiro Guimarães, Joaquim de Moura, boticário neste arraial, e João Carvalho da Silva, e outras muitas pessoas. E mais não disse do conteúdo do auto da devassa, nem dos costumes, e assinou com o dito ministro seu juramento [...]

José da Silva Ribeiro
Martins

Joaquim de Souza [Lobo], homem pardo, morador no arraial do Calambau, que vive do seu ofício de ferreiro, de idade que disse ser de trinta anos pouco mais ou menos [...] disse que sabe por ser público e notório que na manhã do dia quatorze do mês presente e ano, na esquina da entrada deste arraial, vindo do Guarapiranga, se acham pregado um pasquim que o arrancaram da dita esquina que ele viu, e sendo-lhe mostrado o que se acha junto ao auto da presente devassa, disse ser o próprio que ele, testemunha, viu depois de o terem arrancado, e que reconhece ser feito pela própria mão e punho de Raimundo, morador neste arraial e caixeiro do alferes Domingos de Oliveira Álvares na loja do mesmo, ao qual bem viu escrever muitas vezes, e o viu passar um recibo para o alferes José da Silva Ribeiro. Sendo-lhe este mostrado, e a carta, conta e manuscrito que principia "Juízo universal de cada ano", que se acham junto ao auto [borrado] presente devassa, disse que reconhece serem todas as referidas escritas próprias do declarado Raimundo, e que o mencionado recibo é o próprio que ele testemunha viu passar, combinadas as letras com a do referido pasquim disse que apesar de que a letra do mesmo, refeita querendo-a diferenciar, pelo seu talho e, propriedade de muitas letras se evidenciava ser escrito o mesmo pasquim, digo escrito pelo mesmo Raimundo, e que presume ser o mesmo mandado escrever pelo alferes Domingos de Oliveira Álvares, por este andar de rixa com o queixoso, o sargento-mor Manoel Caetano Lopes de Oliveira, e ter muitos dias antes de aparecer o pasquim descomposto o queixoso em ocasião em que estava mandando abrir um buraco para fincar um esteio, gritando aquele alferes Domingos "Aqui del-rei!" contra o sargento-mor Manoel Caetano, que "é um ladrão que me quer roubar, e vem me dar pancadas por querer ser rei desta terra sendo um régulo, inconfidente à Coroa", proferindo enfim estas e outras palavras que se acham escritas no referido pasquim, e não obstante ser o dito queixoso tão injustado [sic], o sobredito queixoso não procedeu em ação alguma contra aquele alferes Domingos de Oliveira Álvares, e não ofendeu ao dito, nem a pessoa alguma, e não só na dita ocasião, mas em todo o tempo se portando o referido queixoso com muita prudência, tratando a todos, ainda às pessoas inferiores, com muita urbanidade e cortejo. E mais não disse, nem dos costumes no conteúdo no auto de devassa, e assinou com o dito ministro seu juramento [...]

Joaquim de Souza Lobo
Martins

Vicência Álvares de Souza, mulher crioula forra, moradora neste arraial do Calambau, que vive de sua venda de molhados, de idade que disse ser de mais de trinta anos, [...] disse que no dia posterior ao dia de santo Antônio deste corrente ano foi constante neste arraial que apareceram uns pasquins nos lugares públicos do mesmo, e que alguns dias antes tinha vindo o queixoso o sargento-mor Manoel Caetano mandar abrir um buraco para meter um esteio. Saiu o alferes Domingos de Oliveira Álvares da sua loja para a rua na presença do mesmo sargento-mor, gritando "Aqui del-rei" contra o sargento-mor Manoel Caetano, que "é um ladrão que me vem roubar a minha fazenda, e tomar à valentona as minhas terras [armado]", e que era um régulo, levantado, inconfidente à Coroa, o que tudo ela diz, testemunha, presenciou, e outras muitas palavras injuriosas, porque estava defronte, na sua casa, e que depois que saíra os pasquins leram a ela, testemunha, um que continha o mesmo que contém o que se acha junto ao presente auto de devassa, e nele ouviu estar lendo aquelas mesmas palavras que naquela ocasião tinha proferido o alferes Domingos de Oliveira Álvares, pelo que ouvia dizer geralmente que o dito pasquim fora mandado fazer pelo dito alferes Domingos de Oliveira pelo seu caixeiro Raimundo Lopes de Penaforte, e que a letra do pasquim era do mesmo, e que presenciou ela, testemunha, na referida ocasião das mencionadas descomposturas abrir o sargento-mor a veste que trazia, dizendo a todos que [ali] se achavam que ele não vinha ofender a pessoa, e que não trazia armas algumas, e que assistiram às mesmas descomposturas Joaquim de Moura, boticário neste mesmo arraial, o alferes José Vicente, o capitão Dionísio da Silva, Manoel Lopes e outras muitas pessoas mais, [...] E por dizer que não sabia escrever assinou o dito ministro o seu juramento [...]

Lizardo Coelho Martins

Ana Lopes, preta[27] forra, moradora neste arraial, que vive de seu trabalho de fiar algodão, de idade que disse ser de maior de quarenta anos [...] disse que sabe, por ser público e notório, que em dias do presente mês e ano, apareceram neste arraial uns pasquins contra o queixoso, o sargento-mor Manoel Caetano Lopes de Oliveira, porém que não sabe quem os fez, nem quem os mandou fazer. E mais não disse do auto, e nem dos costumes, por dizer que não sabia escrever, assinou o dito ministro em juramento [...]

Lizardo Coelho Martins

Jerônimo Rodrigues, pardo forro, morador neste arraial, que vive de seu negócio de venda de molhados, de idade que disse ser de dezoito anos pouco mais ou menos [...] disse que ele testemunha sabe, por ser público e notório, que em um dia que ao certo não lembra apareceram neste arraial uns pasquins que infamavam e descompunham ao sargento-mor Manoel Caetano Lopes de Oliveira, mas que não sabe quem os fizera, nem mandara fazer. E mais não disse nem dos costumes, e assinou seu juramento com o dito ministro [...]

Jerônimo Rodrigues
Martins

José Antônio de Castro, homem branco, morador neste arraial do Calambau, que vive de seu ofício de ferreiro e da sua roça, de idade que disse ser de trinta e dois anos, [...] disse que ele ouviu dizer geralmente que, em princípios deste mês, achando-se ele testemunha na Vila Rica, o alferes Domingos de Oliveira, na presença do queixoso, o sargento-mor Manoel Caetano Lopes de Oliveira, o descompusera com palavras muito afrontosas, dizendo-lhe que era régulo, inconfidente à Coroa, levantado, e que se queria fazer rei, e que passados alguns dias apareceram neste arraial uns pasquins, nos quais se achavam escritas as mesmas palavras, com que o dito alferes descompôs ao mesmo queixoso. E que tem ouvido a muitas pessoas que os referidos pasquins foram mandados fazer, e pôr nos lugares públicos do arraial, pelo referido alferes Domingos de Oliveira Álvares, e que foram escritos por Raimundo de Penaforte Lopes, caixeiro da loja do dito alferes Domingos de Oliveira. E sendo-lhe a ele testemunha mostrada a carta, conta, recibo, que se acham junto aos mesmos autos da devassa, e o manuscrito que principia "Juízo universal de cada ano", disse que reconhecia serem os ditos papéis escritos pela própria mão e punho do dito Raimundo, em razão de o ter visto escrever muitas vezes, e ter em seu poder um crédito escrito por ele. E combinando ele testemunha as letras dos ditos pasquins com as do referido pasquim, disse que reconhecia ser feito pela própria mão e punho do dito Raimundo, porque o talho e muitas letras do pasquim são os mais próprios que podem ser aos dos referidos papéis, e por isso se patenteia ser tudo feito por uma só mão e punho; e outrossim sabe por ver que o declarado alferes Domingos de Oliveira há tempos tem inimizade grande com o referido queixoso sargento-mor, sendo esta inimizade anterior aos ditos pasquins. E mais não disse do auto, nem dos costumes; e assinou com o dito ministro seu juramento [...]

José Antônio de Castro
Martins

Francisco do Carmo, homem pardo forro, morador neste arraial, que vive de seu ofício de alfaiate, de idade que disse ser de vinte e dois anos [...] disse que sabe, por ouvir dizer geralmente, que no dia seguinte à festa de santo Antônio apareceram neste arraial uns pasquins contra o sargento-mor Manoel Caetano Lopes de Oliveira, e que outrossim ouviu também dizer que alguns dias antes de aparecerem os ditos pasquins o alferes Domingos de Oliveira Álvares, neste arraial, na presença do sobredito queixoso, lhe dissera palavras muito afrontosas, chamando-lhe de régulo e outras palavras mais. Que tudo se passou em ocasião em que ele testemunha estava ausente deste arraial. E sendo-lhe mostradas as letras dos mesmos [não] disse nada, nem dos costumes. E mais não disse do auto, e assinou seu juramento com o dito ministro, [...]

Francisco do Carmo
Martins

Antônio Ribeiro da Silva, morador no arraial de Calambau, que vive de seu ofício de alfaiate, de idade que disse ser de vinte e quatro anos, pouco mais ou menos, [...] disse que sabe, por ser público e notório neste arraial, que em dia próximo à festa de santo Antônio, neste mesmo arraial apareceram uns pasquins pregados em lugares públicos do mesmo, mas que por se achar fora na mesma ocasião não sabe aonde, nem os vira; e outrossim também ouviu dizer geralmente que nos dias do princípio deste mês e ano o alferes Domingos de Oliveira Alves descompusera o queixoso, o sargento-mor Manoel Caetano Lopes de Oliveira, mas que pela mesma razão de ausente não sabe de que [borrado]. E que sim, o dito sargento-mor é homem que vive neste arraial tratando a todos com muita afabilidade e cortesia, e ainda até os mesmos humildes. E mais não disse do auto da devassa, nem dos costumes, e assinou seu juramento com o dito ministro [...]

Antônio Ribeiro da Silva
Martins

Francisco Gonçalves Chaves, morador na aplicação desta capela do Calambau, que vive de sua roça, de idade que disse ser de sessenta e oito anos, [...] disse que sabe, por ser bem público e notório, que no dia posterior ao de santo Antônio apareceram em vários lugares públicos vários pasquins injuriosos, afrontosos e infamatórios contra o queixoso, o sargento-mor Manoel Caetano Lopes de Oliveira, e que muitos dias antes ao em que apareceram os ditos pasquins ouviu ele dizer a muitas pessoas, cujos nomes não lembra, que o alferes Domingos de Oliveira Álvares, em ocasião em que o dito queixoso estava mandando fincar uns esteios na presença do mesmo, lhe dissera muitas palavras injuriosas, chamando-o de inconfidente à Coroa, régulo e ladrão, e que as mesmas palavras então ditas viu ele, testemunha, escritas no dito pasquim. E sendo-lhe mostrado o caderno intitulado "Juízo universal de cada ano", recibo, carta e conta junto aos mesmos autos da devassa, disse que ele, testemunha, não conhecia as referidas letras, e que só ouvira dizer a Manoel da Costa Nogueira que a letra do caderno era feita pelo próprio punho de Raimundo de Penaforte, e que imitava a letra dos pasquins. E mais não disse, nem dos costumes, e assinou seu juramento com o dito ministro [...]

Francisco Gonçalves Chaves
Martins

Joana Elena Joaquina de Jesus, mulher branca, moradora neste arraial, e também na sua roça, que vive em companhia de seu marido, Manoel da Silva Durão, de idade que disse ser de cinquenta e sete anos [...] disse que sabe por ouvir publicamente que no dia quatorze do corrente mês e ano se pregaram dois pasquins nos lugares públicos deste arraial e que os mesmos eram infamatórios e injuriosos à pessoa do sargento-mor [Manoel] Caetano Lopes de Oliveira. E sendo-lhe apresentados o recibo, carta e conta junto a esta devassa presente, e também o manuscrito que se intitula "Juízo universal de cada ano" e também o pasquim junto ao mesmo auto, disse que ela, testemunha, não reconheceu as ditas letras, e que antes de saírem os ditos pasquins alguns dias, ouvindo ela, testemunha, de sua casa vozes muito altas, saiu chegando à sua janela da rua a observar o que era, e viu ao alferes Domingos de Oliveira

Álvares estar dizendo palavras injuriosas ao queixoso, e ainda chegou ao tempo que lhe ouviu dizer contra o queixoso que era régulo e que não respeitava o adro sagrado. E também presenciou que o referido queixoso, desabotoando a veste que trazia vestida, dizendo que fossem testemunhas de que ele não trazia armas que ofendessem, e que a esta ação se achavam presentes o capitão Dionísio da Silva, João Carvalho e outros muitos, de quem se não lembra. E mais não disse do auto da presente devassa, e dos costumes disse ser comadre do queixoso e declarou neste mesmo ato que tem ouvido dizer geralmente que a letra do pasquim junto aos autos é feita pelo mesmo Raimundo, caixeiro do sobredito alferes Domingos de Oliveira Álvares, e que igualmente é dele a letra do manuscrito, conta, recibo e carta. E mais não disse e assinou com o dito ministro seu juramento [...]

Joana Elena Joaquina de Jesus
Martins

O furriel[28] Manoel da Silva Durão, homem branco, morador neste arraial do Calambau, que vive de seu negócio de venda de molhados, de idade que disse ser de sessenta e tantos anos, [...] que sabe por ouvir dizer geralmente que no dia quatorze do corrente mês e ano apareceram de manhã, nos lugares públicos deste arraial, [uns pasquins,] e sendo-lhe mostrado o que se acha junto ao auto da devassa disse serem os mesmos que ele, testemunha, viu. E sendo-lhe outrossim mostrados os papéis junto ao mesmo auto disse que não conhecia as letras dos mesmos, nem a dos pasquins, e outrossim disse que estando ele, testemunha, fazendo uma cerca ao pé da capela, ouviu por detrás da mesma gritar o alferes Domingos de Oliveira Álvares "Aqui del-rei" contra o sargento-mor Manoel Caetano Lopes de Oliveira, e que era régulo. E que não percebera outros mais que o mesmo alferes proferira contra o mesmo queixoso, o sargento-mor, o qual presenciou ele, testemunha, que abrira as mãos e roupa, dizendo que fossem todos testemunhas de que ele não trazia armas, nem ofendera a pessoa alguma, e que neste ato se acham presentes o capitão Dionísio da Silva, e Joaquim de Moura boticário e outros. E outrossim disse que tem ouvido dizer a muitas pessoas que a letra dos mesmos pasquins é própria à do Raimundo, caixeiro do dito alferes Domingos de Oliveira Álvares. E mais não disse do auto, e dos costumes disse que é compadre do queixoso, o sargento-mor, e assinou com o dito ministro seu juramento [...]

Manoel da Silva Durão
Martins

Manoel Fernandes de Amorim, homem branco, morador na aplicação desta capela do Calambau, que vive de ser feitor, de idade que disse ser de trinta e quatro anos [...] disse que sabe por ser público e notório [que] apareceram na manhã do dia quatorze do mês presente e ano, nos lugares públicos deste arraial uns pasquins contra o sargento-mor Manoel Caetano Lopes de Oliveira que o injuriavam muito, porém que ignora quem os fez ou quem os mandara fazer. E sendo-lhe mostrados os mesmos pasquins, e mais papéis junto aos autos da presente devassa, disse que não reconhece as letras dos mesmos. E mais não disse do auto da devassa, nem dos costumes, e assinou com o dito ministro seu juramento [...]

Manoel Fernandes de Amorim
Martins

Vicente Silvério do Carmo, homem pardo forro, morador no arraial de Calambau, nos seus subúrbios, que vive de seu ofício de ferreiro, de idade que disse ser de vinte e três anos pouco mais ou menos [...] disse que sabe, por ser muito público e notório, que em dia em que se não lembra, mas do presente mês e ano, apareceram neste arraial pregados uns pasquins muito injuriosos à pessoa do queixoso, o sargento-mor Manoel Caetano Lopes de Oliveira, e que genericamente tem ouvido dizer neste arraial que a letra dos mesmos pasquins era feita por Raimundo de Penaforte, caixeiro do alferes Domingos de Oliveira Álvares, e sendo-lhe mostradas letras da conta, recibo, carta e manuscrito, disse que não conhece; mas que sim, sabe ele, testemunha, que em dias do presente mês, antes de aparecerem os pasquins, em ocasião que o dito queixoso sargento [sic] estava mandando fazer um buraco para fincar um esteio por detrás da capela deste arraial, o alferes Domingos de Oliveira Álvares disse na presença do mesmo palavras muito injuriosas à sua pessoa, em vozes tão altas que estando ele, testemunha, trabalhando na tenda, por ouvi-los [se] chegara mais perto e ouviu ainda ao sobredito alferes chamar ao referido queixoso ladrão, régulo e levantado contra a Lei divina, e que queria ser senhor absoluto, além de outras expressões que dizem tinha dito antes. A cujas descomposturas estavam presentes muitas pessoas, como o capitão Dionísio da Silva Ribeiro, Jerônimo Rodrigues, homem pardo, além de outras pessoas que se não lembra. E mais não disse do auto da devassa, nem dos costumes, e assinou seu juramento com o dito ministro [...]

Vicente Silvério do Carmo
Martins

Francisco Rodrigues Cruz, homem pardo morador neste arraial do Calambau, que vive de seu negócio de molhados, de idade que disse ser de quarenta e três anos [...] que sabe por ouvir dizer publicamente que na manhã do dia quatorze do corrente mês e ano apareceram uns pasquins que eram dois, pregados neste arraial nos lugares públicos dele, que continham palavras injuriosas e infamatórias contra a pessoa do sargento-mor Manoel Caetano Lopes de Oliveira. E sendo-lhe mostrados os papéis, conta, recibo, carta e manuscrito intitulado "Juízo

dia [de] princípios do corrente mês e ano o alferes Domingos de Oliveira Álvares, em ocasião que o queixoso, o sargento-mor Manoel Caetano Lopes de Oliveira, mandava abrir um buraco para fincar um esteio, o dito alferes passara a ultrajá-lo "Aqui del-rei contra este ladrão que me quer roubar as minhas terras", e que isto ouvira dizer a Gaspar Moreira. E que outrossim sabe que o mesmo alferes Domingos de Oliveira é inimigo capital do queixoso, o sargento-mor Manoel Caetano, já muito antes de aparecerem os mesmos pasquins, e que trazem pleitos judiciais. Mais não disse do auto da devassa, nem dos costumes, e assinou com o dito ministro seu juramento [...]

Francisco Rodrigues Cruz
Martins

O tenente Antônio José Fernandes Guimarães, morador na aplicação desta capela do Calambau, freguesia de Guarapiranga, que vive de sua roça, de idade que disse ser de trinta e nove anos [...] disse que sabe, por ouvir dizer, que apareceram uns pasquins em dias próximos ao do santo Antônio do corrente ano nos lugares públicos deste arraial, porém que não sabe quem os fez, e nem quem os mandou fazer, e sendo-lhe mostrados os papéis, carta, recibo, conta e manuscrito intitulado

"Juízo universal de cada ano", disse que de nenhum reconhece as letras. E mais não disse do auto, nem dos costumes, e assinou seu juramento com o dito ministro [...]

Antônio José Fernandes Guimarães Martins

Caetano Pinto da Mota, homem pardo, morador neste arraial do Calambau, que vive de seu ofício de sapateiro, de idade que disse ser de trinta e três anos [...] disse que ele, testemunha, sabe por ouvir dizer a muitas pessoas que em dias do presente mês e ano apareceram uns pasquins que continham palavras muito injuriosas contra a pessoa do sargento-mor Manoel Caetano Lopes de Oliveira, e que fora em dias do presente mês e ano, mas que se não lembra ao certo que dia, porém que ignora quem os fez, ou mandou fazer. E junto sendo-lhe mostrados carta, recibo, conta, carta e manuscrito, intitulado "Juízo universal de cada ano", disse que não reconhece por saber ler e escrever muito mal; mas que sim, sabe por presenciar que em dias antes de aparecerem os ditos pasquins, estando o queixoso, o sargento-mor Manoel Caetano Lopes de Oliveira, abrindo um buraco para fincar um esteio, passara o alferes Domingos de Oliveira Álvares a gritar contra o mesmo queixoso "Aqui del-rei" contra o sargento-mor Caetano Lopes, "que me quer roubar as minhas terras". Chamando-o de ladrão, judeu, inconfidente, régulo e falso à Coroa; e que ele, testemunha, tem ouvido geralmente que nos pasquins que apareceram estão as mesmas palavras que ele, suplicante, tem declarado [e] ouviu ao dito alferes Domingos de Oliveira, o qual há tempos tem inimizade pública e renhida com o queixoso sargento-mor, com o qual traz pleitos em juízo. E mais não disse do auto, nem dos costumes, e assinou seu juramento com o dito ministro [...]

Caetano Pinto da Mota
Martins

Manoel Lopes Francisco, homem branco, morador na aplicação desta capela, que vive de seu ofício de carpinteiro, de idade que disse de vinte e cinco anos pouco mais ou menos [...] disse que sabe [por] ouvir dizer a várias pessoas que no dia quatorze do corrente mês e ano apareceram uns pasquins muito injuriosos à pessoa do sargento-mor Manoel Caetano Lopes de Oliveira. E sendo-lhe mostrado o que se acha junto aos autos da presente devassa, disse ele, testemunha, que o pasquim que tinha visto continha o mesmo que contém este, quando não seja o próprio que ele, testemunha, viu, e que tem ouvido dizer ao povo que Raimundo de Penaforte fora o que fizera e escrevera o dito pasquim. E sendo-lhe mostrados os papéis, conta, carta, recibo e manuscrito intitulado "Juízo universal de cada ano", disse que não conhecia as ditas letras, nem a dos pasquins, por não ser perito em ler e escrever; e outrossim disse que em dias do presente mês e ano viera o sargento-mor

Manoel Caetano Lopes mandar meter uns esteios para uma casa [e] lhe saiu ao encontro o alferes Domingos de Oliveira Álvares, em presença do mesmo gritando "Aqui del-rei" contra o sargento-mor Manoel Caetano, chamando-o de régulo, absoluto e outras palavras também injuriosas de que se não lembra; e que ele, testemunha, sabe por ver que há meses o dito alferes Domingos de Oliveira tem inimizades declaradas com o queixoso, ainda antes dos pasquins, as quais resultaram de uma compra que fez o dito sargento-mor ao capitão José Antônio Lopes Francisco antes do seu falecimento. E mais não disse do auto da devassa, nem dos costumes, e assinou seu juramento com o dito ministro [...]

Manoel Lopes Francisco
Martins

Ana Moreira, mulher parda forra, moradora neste arraial, que vive em companhia de seu pai, de idade que disse ser de vinte anos pouco mais ou menos [...] [não] disse nada, nem dos costumes, e por dizer [que] não sabia escrever, assinou o dito ministro seu juramento a seu rogo [...]

Lizardo Coelho Martins

Pedro de Souza, homem branco, morador neste arraial, que vive de seu negócio, de idade que disse ser de sessenta e tantos anos [...] disse que sabe, por ser público e notório, que no dia quatorze do corrente mês e ano apareceram uns pasquins neste arraial, pregados nos lugares públicos do mesmo, que continham matérias injuriosas contra a pessoa do sargento-mor Manoel Caetano Lopes de Oliveira. E sendo-lhe mostrados a carta, recibo, conta e manuscrito intitulado "Juízo universal de cada ano", disse que não reconhecia as ditas letras; e disse mais, que sabe por ouvir dizer que em dias do corrente mês, antes de aparecerem os pasquins, estando junto o dito queixoso sargento-mor mandando meter uns esteios para levantar umas casas, e na sua presença dissera o alferes Domingos de Oliveira Álvares em vozes muito desabridas que ele era um régulo, ladrão. E que tem genericamente ouvido dizer que as mesmas palavras que o mesmo alferes Domingos de Oliveira lhe dissera na referida ocasião estavam escritas no mesmo pasquim, e que outrossim sabe, por ouvir dizer, que já antes de aparecerem os pasquins andavam com inimizade muito desabrida o alferes Domingos de Oliveira Álvares com o dito queixoso, o sargento-mor Manoel Caetano Lopes de Oliveira, com quem traz pleitos. E mais não disse do auto nem dos costumes, e assinou seu juramento junto com o dito ministro [...]

Pedro de Souza
Martins

Francisco de Freitas dos Santos, homem pardo forro, morador neste arraial, que vive de seu negócio de andar vendendo nos seus burros e de roça, de idade que disse de vinte e nove para trinta anos [...] disse que sabe, por ouvir dizer por ser público e constante, que no dia quatorze do presente mês e ano apareceram uns pasquins muito afrontosos e injuriosos contra a pessoa do sargento-mor Manoel Caetano Lopes de Oliveira, porém que ignora quem os fez ou mandou fazer, e que, por não saber ler nem escrever, não reconhecia as letras dos papéis da conta, recibo, carta, manuscrito e pasquim junto ao auto. E outrossim disse que sabe também por ser notório que alguns dias antes de aparecerem os ditos pasquins, o alferes Domingos de Oliveira Álvares, na presença do queixoso sargento-mor Manoel Caetano, o descompusera com palavras muito afrontosas, dizendo que era régulo, inconfidente e incapaz de aparecer em República, e outras mais palavras injuriosas; e assim mais disse ele, testemunha, [que] sabe por ver que antes de aparecerem os pasquins já o dito alferes Domingos Álvares de Oliveira era inimigo capital do queixoso, o sargento-mor Manoel Caetano Lopes de Oliveira por divor [borrado] que tinham por respeito de uma roça que o queixoso comprou ao capitão José Antônio Lopes Francisco antes de seu falecimento. E mais não disse do auto, e assinou, com o dito ministro, com uma cruz o seu juramento, por dizer [que] não sabia ler, nem escrever [...]

Sinal de Francisco + de Freitas dos Santos Martins

Manoel Gonçalves Vieira, homem branco, morador na Barra do Xopotó da aplicação desta capela de Calambau, que vive de sua roça, de idade que disse ser de trinta e seis anos [...] disse que sabe, por ser público e muito constante, que no dia quatro do corrente mês e ano, estando o sargento-mor Manoel Caetano Lopes de Oliveira mandando abrir uns buracos para fincar uns esteios por detrás da capela deste arraial, saiu de sua casa o alferes Domingos de Oliveira Álvares com vozes desabridas, dizendo "Aqui del-rei contra este ladrão que me quer roubar", tratando ao mesmo sargento-mor, queixoso, na sua presença, de rei do campo, régulo, inconfidente à Coroa, levantado e outras mais expressões muito injuriosas à pessoa do mesmo queixoso sargento-mor. E que no dia quatorze do mesmo mês [borrado] manhã sabe ele, testemunha, por ver, que neste mesmo arraial apareceram pasquins infamatórios contra o mesmo queixoso, os quais foram achados pregados um nas casas do patrimônio de Nossa Senhora do Rosário e outro nas casas que estão na entrada do largo que fica por detrás da mesma capela, os quais ele, testemunha, viu e neles leu as mesmas expressões e termos que proferiu o sobredito alferes Domingos de Oliveira Álvares, descompondo ao predito queixoso, no dia quatro de junho. E sendo-lhe mostrado o pasquim que se acha junto aos autos da presente devassa, disse que reconhecia ser o mesmo que ele, testemunha, leu na manhã do dia quatorze do presente mês, e que a letra do mesmo pasquim é muito própria à de Raimundo de Penaforte Lopes. E sendo mostrados a ele, testemunha, os papéis da conta, recibo, carta e manuscrito intitulado "Juízo universal de cada ano", que se acham junto aos autos da presente devassa, disse que reconhecia serem feitos pela própria mão e punho do declarado Raimundo, e combinando as ditas letras com a do mencionado pasquim, reconhece ele, testemunha, serem muito semelhantes à letra do mesmo; e outrossim disse que ele, testemunha, desde a sua infância tem conhecimento do sobredito Raimundo e do seu espírito, conduta, pelo que se persuade decisivamente que o mesmo não tem gênio para fabricar um papel qual é o dito pasquim sem para isso ser auxiliado e persuadido de outrem. E mais não disse do auto, e dos costumes disse que a mulher dele, testemunha, tem parentesco de afinidade com o dito Raimundo; e assinou seu juramento com o dito ministro [...]

Manoel Gonçalves Vieira
Martins

Antônio Carlos de Araújo Vilaça, morador na aplicação da capela deste arraial de Calambau, que vive de seu negócio de vender bestas e negros, e de seu engenho, de idade que disse ser de vinte e oito para vinte e nove anos [...] disse que sabe por ouvir dizer a muitas pessoas que no dia quatro do corrente mês e ano, estando o queixoso sargento-mor Manoel Caetano

Lopes mandando abrir uns buracos para fincar uns esteios por detrás da capela deste arraial, saíra o alferes Domingos de Oliveira Álvares para embargar com umas pedrinhas fincarem-se os mesmos esteios com vozes altas, dizendo "Aqui del-rei" contra o dito queixoso sargento-mor, e que desobedecia às leis de Sua Majestade Fidelíssima, e que era um régulo e outras expressões mais de que ele, testemunha, se não lembra; e outrossim sabe ele, testemunha, por ser público e notório, que no dia quatorze deste presente mês e ano se puseram neste arraial uns pasquins contra o mesmo queixoso, o sargento-mor Manoel Caetano, e que ele, testemunha, vira um dos mesmos pasquins. E sendo-lhe mostrado o que se acha junto ao auto da presente devassa, disse que reconhece ser o mesmo que ele, testemunha, viu. E sendo-lhe mostrados os papéis da conta, carta, recibo e manuscrito intitulado "Juízo universal de cada ano", disse que reconhece serem feitos pela própria mão e punho de Raimundo de Penaforte Lopes, e combinando as ditas letras com a do pasquim disse que no mesmo tem algumas letras que têm sua aparência com a do pasquim. E mais não disse do auto, nem dos costumes, e assinou com o dito ministro seu juramento [...]

Antônio Carlos de Araújo [Vilaça]
Martins

Conclusão

Aos onze dias do mês de julho de mil setecentos [e] noventa e oito anos, nesta leal cidade Mariana, no cartório do Segundo Tabelião que ao presente sirvo, faço estes autos conclusos ao sargento-mor Lizardo Coelho Martins vereador mais velho no Senado da Câmara e no corrente ano juiz de fora e órfãos, com alçada no cível e crime nesta mesma cidade e seu termo, e para constar faço este termo de conclusão eu, Manoel Teixeira Lomba, tabelião que escrevi.

CONCLUSOS

Obrigam as testemunhas desta devassa a prisão e livramento[29] ao alferes Domingos de Oliveira Álvares e a seu caixeiro Raimundo de Penaforte. O escrivão os passe a rol de culpados[30] e as ordens necessárias para serem presos. Mariana, 14 de julho de 1798.

Martins

Machado

Aos dezesseis dias do mês de julho de mil setecentos [e] noventa e oito anos, nesta leal cidade Mariana, em casas de morada do sargento-mor Lizardo Coelho Martins, vereador mais velho no

Senado da Câmara e no corrente ano por bem da Ordenação juiz de fora e órfãos, com alçada no cível e crime nesta mesma cidade, e seu termo por ele me foram dados estes autos com a sua sentença suprarretro, e para constar faço este termo de data, eu, Manoel Teixeira Lomba, tabelião que escrevi. Declaro que houve ele, ministro, a sobredita sentença por publicada nas mãos de mim escrivão, e mandou que se cumprisse como nela se declara eu sobredito escrivão o declarei.

Em correição de 1798
S. Nogueira

O processo (trechos)

[Libelo acusatório[1] do sargento-mor Manoel Caetano Lopes de Oliveira.] Mariana, 26 de julho de 1798

De vista[2]

Aos vinte e seis dias do mês de julho [de] mil setecentos [e] noventa e oito anos, nesta leal cidade de Mariana, no cartório do Primeiro Tabelião [que] ao presente sirvo e sendo aí faço estes autos com vista ao dr. José dos Santos de Azevedo e Melo, advogado neste auditório e procurador do autor, o sargento-mor Manoel Caetano de Oliveira, de que faço este termo. Antônio Alves de Mesquita, tabelião que o escrevi.

Ao dr. Azevedo

Por libelo acusatório diz como autor o sargento-mor Manoel Caetano Lopes de Oliveira contra o alferes Domingos de Oliveira Álvares e seu caixeiro Raimundo de Penaforte, réus citados pela via de melhor direito.

Provará que devendo os réus serem mansos, quietos e pacíficos, obedientes às leis de Sua Majestade sem causarem distúrbios nem ofenderem seus convizinhos, obram tanto pelo contrário que.

Provará que na manhã do dia quatorze do mês de junho deste presente ano de mil setecentos e noventa e oito, apareceram afixados no pequeno arraial do Calambau, onde o autor e réu são moradores, três grandes cartazes difamatórios vulgarmente chamados pasquins, cuja cópia vai no auto de folha 16, e requeiro que no auto da prova se apresentem as testemunhas para o reconhecerem o próprio original, cartaz que se ajuntou no auto da devassa, e se oferece o dito original pasquim como parte deste artigo.

Provará que os ditos pasquins eram todos três de um mesmo teor e escritos de uma mesma letra, cuja multiplicação bem mostra o ânimo danado que os réus tinham de que suas imposturas se fizessem notórias a todo o povo para mais injuriarem ao autor.

Provará [que] tão destinado foi o ânimo dos réus a esse fim que não se contentaram com expressão das injúrias mais atrozes e pungentes de que se compõem suas trovas, e mais também passaram a exprimir o nome, sobrenome e cargo do autor, igualmente de sua geração, para que o mais rústico não pudesse ignorar que à própria pessoa do autor, sua ascendência e descendência, se dirigia aquela sátira.

Provará [que] os ditos pasquins foram lidos e vistos por todo ou pela maior parte do povo daquele arraial, que vendo o seu desaforo e desenvoltura, o arrancaram e chegou à mão do autor o que se acha junto à devassa e se requer mostre às testemunhas para reconhecimento de sua letra.

Provará [que] por reconhecimento da mesma letra e antecedências que tinha havido, logo também se fez público que os ditos pasquins eram obra do corréu[3] Raimundo de Penaforte, do qual é sem dúvida alguma a letra dos ditos pasquins, como reconheceram [as] testemunhas.

Provará [que] é suposto [que] o dito réu pretendesse disfarçar a letra, contudo nunca pôde mudar o talho, sendo a maior parte das letras as mesmas e os mesmos caracteres que ele costuma fazer, assaz bem conhecidos naquele arraial e fora dele em razão de ser caixeiro do outro corréu e quem ordinariamente escreve nos seus negócios.

Provará [que] o autor nunca teve dúvidas nem pendências com o dito Raimundo de Penaforte que desse causa alguma e muito menos a tão pesado excesso.

Provará [que] entre o autor e o outro corréu, o alferes Domingos de Oliveira Álvares, pendem vários litígios e, entre estes, um de injúria pelos convícios de rei, régulo, levantado e ladrão com que o réu amo conviciou no dia primeiro e quarto do mesmo mês de junho publicamente o autor, naquele arraial do Calambau.

Provará [que] os mesmos convícios da injúria *scilicet*[4] de rei, régulo, levantado e ladrão, falso à Coroa são os mesmos da sátira, envolvidos com os mais que nela mesmo se leem.

Provará [que] foi o réu amo quem pelo réu caixeiro mandou escrever os ditos pasquins e pregá-los publicamente em despique daquelas demandas.

Provará [que] no ato em que o réu caixeiro estava à vista do réu amo escrevendo os ditos pasquins, de vez em quando lhe repetia o que tinha escrito e lhe repetia o réu amo: "Belo, belo", de que desde então ficou por estribilho, naquele arraial, responder-se a qualquer extravagância: "Belo, belo".

Provará [que] o réu caixeiro logo que se tratou de tirar devassa fez público que se ausentava, porém que não havia de ser ele só o pronunciado.

Provará [que] o autor é manso, quieto e pacífico sem injuriar nem dar causa a ser injuriado, e nobre por seus ascendentes, e por sua pessoa tendo servido os postos militares até sargento-mor, tratando-se a lei da nobreza com pajens e cavalos de estada.

Provará [que] o convício de judeu e os mais que constam dos pasquins são os mais injuriosos e pungentes à pessoa do autor e toda a sua descendência, e procedendo-se a devassa na forma da extravagante,[5] nela ficarão os réus pronunciados.

Provará [que] nestes termos e conforme os de direito hão de ser os réus condenados em todas as penas civis e crimes que por disposição de direito comum, leis do reino e suas extravagantes são impostas aos réus de semelhantes delitos, para satisfação do autor e da República ofendida e exemplo de iguais temerários e nas custas. [...]

[Rubrica] Azevedo

[Agravo[6] dos réus contra a injusta pronunciação e solicitação de nulidade de devassa feita pelo dr. Antônio da Silva e Souza.]
Mariana, 23 de agosto de 1798

De vista

Aos vinte e três dias do mês de agosto de mil setecentos [e] noventa e oito anos, nesta leal cidade de Mariana, no cartório de Segundo Tabelião que ao presente sirvo, continuo estes autos com vista ao patrono dos réus, o alferes Domingos de Oliveira

Álvares [e] Raimundo de Penaforte Lopes, o dr. Antônio da Silva e Souza, advogado nestes auditórios, para o despachar como lhe parecer justo. E para constar fiz este termo de vista, eu, Manoel Teixeira Lomba, escrivão que escrevi.

Ao dr. Silva e Souza

[...]

Senhora[7]
À Vossa Majestade se agravam, como agravado[8] tem, o alferes Domingos de Oliveira Álvares, comerciante, com casas de negócio de fazenda seca, no arraial do Calambau, freguesia de Guarapiranga, e juntamente seu caixeiro, Raimundo de Penaforte Lopes, do juiz pela ordenação da cidade de Mariana e seu termo, por pronunciar à prisão e livramento em uma suposta e nula devassa, que certamente não houve, nem se pode apelidar devassa, fabricada por um inimigo declarado e capital, qual o intitulado sargento-mor Manoel Caetano Lopes de Oliveira, que a requereu sobre certos pasquins que figurou aparecerem no sobredito arraial do Calambau, que diz muito o ofendem e a toda sua geração, sendo ele o próprio quem com outros seus sequazes os fizeram públicos e andaram lendo por diversas partes, criminosamente, até que teve a liberdade punível e digna de admiração de comparecer perante o juiz ao

qual requer a dita devassa, especialmente contra os agravantes, queixando-se dos mesmos por seus próprios nomes e amo e caixeiro, e de serem os delinquentes este mandatário compositor e escrevente dos ditos pasquins e aquele mandante pedindo finalmente se inquirissem as testemunhas, distintamente, contra os agravantes, e assim se lhe deferiu, como mostra a sua petição página folha 15 e verso e folha 16 e seu despacho; concluindo finalmente o seu malicioso intento, segundo mostra a injusta pronúncia agravada de folha 17 verso.

Não consta dos autos o processo feito que se formasse auto de devassa para por ele se proceder a inquirição devassa, nem tampouco que se formalizasse o corpo de delito, pois que apenas aparece a autuação daquela petição e queixa do agravado na folha 15, sem preceder o juramento determinado no despacho folha 16. E o como se procedeu a inquirição devassa e foram pronunciados os agravantes, ainda se ignora o como pudesse ser salvo se na formalização do processo concorrem erros e enganos criminosos e puníveis do escrivão sobre os quais se implora providência.

Prescindamos de tudo quanto é preparatório, bem ou mal feito e das nulidades respectivas, *juris ordine, non servato et forma legis neglecta*,[9] pois que respeitam ao superior providenciar *ex officio*,[10] porém sempre se acusam e por elas protestam os agravantes, *servatis, servandis*,[11] para os fins pretendidos, nestas suas jurídicas queixas.

Que não houvesse, nem haja senão suposta e fantasticamente devassa, observada a forma *legis*, provasse evidentemente pela petição de queixa e denúncia do agravado, ditas folhas 15 e 16, pela qual requereu a dita devassa distintamente e específica contra os agravantes, com todas as cláusulas e circunstâncias para se perguntarem às testemunhas contra suas próprias pessoas, até serem pronunciados, e isto é o que se alcança praticado e concluído, contra os ditos agravantes pronunciados. Logo não houve devassa legal, nem inquirição devassa e o que se praticou é tudo nulo, como contrário às disposições das leis do reino; que proíbem semelhantes devassas especiais e particulares, contra certas e determinadas pessoas, ainda que por certas culpas; por deverem ser indiferentes e nunca contra certas pessoas, por se diferenciarem das gerais. E ainda particulares contra certas e determinadas pessoas *ex officio* sem que, porém, nunca sejam declaradas estas ou aquelas por seus nomes, pena de insanável nulidade, segundo as Ordenações do Livro 1, Título 58, Título 65 e Livro 5[12] e em outros muitos títulos que mandam proceder a devassa por inquirição devassa sem infamar a pessoa alguma por inquirição particular, que, aliás, não é devassa, mas sim muito distinto procedimento do praticado na querela.

Eu falo e escrevo, cingindo-me com as leis do reino, que até todo o nosso direito, afastando-me do comum[13] dos romanos, e escrevo com especioso direito pátrio,[14] com que doutissimamente escreveu e sustentou estas nossas questões o grande senador João Pinto Ribeiro,[15] nas suas jurídicas Relações, Relação 3.ª e muito melhor escrevera e sustentara se em seu tempo, além da Ordenação Livro 3, Título 64, já houvesse a nova e providencial extravagante de 18 de agosto de 1769. Eu com ele escrevo e ele escreveu com quantas Ordenações se podiam lembrar, advertir, entender e bem perceber e por isso mesmo, para não ser extenso, a ele me reporto, afastando-me de toda a antiqualha, opiniões de doutos doutores, suas questões de nome, pareceres indiscretos, com direitos eclesiásticos, pontifícios, constituições[16] de certos bispados e menos polidos sistemas sustentados com leis imperiais, porque nesse nosso reino tudo se acha de autorizado e proibido pela citada lei de 18 de agosto de 1769[17] e por isso mesmo reprovado o nosso Leitão de *Jure lusitano*[18] tratado 3.º, questão 9, em que querendo seguir o contrário e fazendo diversas questões, uma e muitas vezes disse e se desdisse, sem desculpa recorrendo ao direito consuetudinário,[19] práticas e estilos e doutos doutores estrangeiros e o pior foi lembrar-se do grande senador sobredito Pinto Ribeiro, dita Relação 3.ª, confessando e aprovando a suas resoluções jurídicas e legais para fazer opinião reprovada, sobre si e que se não deve seguir como contrária a nossa legislação pátria, só mandada observar em termo, pela citada extravagante de 1769.

Isto que é certo e não padece dúvida e se tem julgado repetidas vezes em todas [as] Relações e na do distrito me [é] patrocinante e ainda neste juízo fica patente a insanável nulidade da nossa suposta devassa, ainda que, aliás, tivesse lugar pelos fabricados pasquins, pois que o agravado e os seus parciais são os mais criminosos, por andarem lendo e publicando contra a sua especial extravagante, sobre a Ordenação do Livro 5, Título 84. Mas para que me canso eu em investigar e examinar tantas questões e opiniões de haver ou não devassa, inquirição geral ou particular na conformidade do que fica escrito, se bastará ver-se toda a nula devassa e não haver prova válida jurídica e procedente que culpe e crimine aos agravantes de serem feitores, mandatários ou mandantes de semelhantes pasquins, pois que são sujeitos rústicos e ignorantes para fazerem versos, trovas, nem sabem o que elas são, ou seja, o que quer dizer: "Décima". Sendo quase impossível que haja testemunha que crimine e culpe aos agravantes, por esta ou aquela forma, das arguidas pelo agravado na sua incivil queixa, para que houvessem de ser pronunciados, sendo bem certo não serem bastantes presunções e conjecturas, quais as recorreu o agravado, e muito principalmente quando ele próprio confessa a grande inimizade e capital que tem contra os agravantes, especialmente o amo pelas muitas demandas que trazem e até de ação de injúria, que corre contra o dito agravante amo, pois que por isso mesmo não podia querelar do mesmo agravante e menos contra ele requerer devassa especial, pela proibição expressa da Ordenação Livro 5, Título 117, com outros concordantes e, por isso mesmo, também nula a devassa e sua pronúncia que se têm feito escândalos em todo o termo da cidade de Mariana, pela improcedência e modo de semelhante procedimento e pública inocência dos agravantes, que estão clamando, uma e muitas vezes, justiça, que é Vossa Majestade animada, em todo o seu reino, e há de administrar aos agravantes, como estes lhe suplicam e esperam ver administrada, *maxime per suplenda, more solito.*[20]

Em agravo.
Despacho.

Antônio da Silva e Souza

[Réplica do dr. José dos Santos de Azevedo e Melo, advogado do sargento-mor Manoel Caetano Lopes de Oliveira.]

Aos vinte e sete dias do mês de agosto de mil setecentos [e] noventa e oito anos nesta leal cidade Mariana, no cartório de Segundo Tabelião que ao presente fazia em termo estes autos de vista ao dr. José dos Santos de Azevedo e Melo, advogado nestes auditórios e patrono do autor e sargento-mor Manoel

Caetano Lopes [de] Oliveira, para os despachar como lhe parecer justo e para constar faço este termo de vista eu, Manoel Teixeira Lomba, escrivão que escrevi.

Ao dr. Azevedo

Senhora
A queixa, que se forma à folha 25 contra a pronúncia de folha 17 verso e contra a disposição das santíssimas leis de Vossa Majestade, por não ser devassa de que se trata geral, à qual só são aplicáveis as leis e doutrinas que no recurso se citam: mas é sim particular e especial, a qual quadra o procedimento praticado e por isso inatendível sua queixa.

Fazer e propalar sátiras, cartas e libelos difamatórios foi até o dia 2 de outubro de 1753 caso de injúria, segundo a Ordenação do Livro 5 Título 84, ainda quando se difamava dos mesmos oficiais de justiça, pois assim o dispunha o § 6.º do Título 50. A Vossa Majestade parecerão incuriais estes meios à gravidade de semelhantes delitos, fazendo-os caso devassa pelas duas extravagantes de 2 e 24 de outubro de 1753 e de 1764, mas devassas particulares e especiais, por qual admite a queixa das partes ainda que não haja queixa da parte nesses casos em que por extravagante se eleva a devassa o fato que por cominar a disposição das leis pátrias, era sujeito a conhecimento civil, normalmente se há de expressar na queixa os nomes dos delinquentes porque o ofendido que há de jurar a devassa, sabe e conhece perfeitamente o sujeito que o ofendeu.

Esta é a diferença, que as nossas leis pátrias fazem entre devassas gerais e devassas particulares e especiais, de que além dos casos expressos nas duas últimas lembradas extravagantes, temos bom exemplo na Ordenação Livro 1, Título 65 § 31. Aí se faz caso de devassa particular à cópula carnal com violência. Ao mesmo tempo que manda formar o auto pela queixa da paciente, consequentemente se admite a expressão do ofensor, que ela normalmente deve declarar, porque a queixa não é vaga: mas sim contra certa e determinada pessoa. Sucede o mesmo quando o oficial de justiça se queixa da verbal infamação, conforme o § 3.º da já lembrada lei de 24 de outubro de 1764. E o mesmo se pratica no caso ocorrente pela outra extravagante de 2 de outubro de 1753, que admitindo o difamado a queixar-se, normalmente, lhe faculta a nomeação do difamante, em razão de não ser a culpa, nem o delinquente ocultos, que é o fundo das devassas gerais: mas sim infamado e público em que consistem as particulares e especiais.

Nesses casos que a nossa lei for de devassas particulares e especiais, não são encontradas as opiniões de Mendes, Leitão e Pinto Ribeiro[21] como *ex adverso* se alega e prova a Relação 3.ª n.º 17 o n.º 11 da qual 1.º Tratado e 3.º, a qual 3.ª a n.º 54 toda [aquela] 9.ª e parte 2.ª das Práticas Livro 5.º Capítulo 3.º, porque tudo conforme com a Ordenação do Livro 1 Título 7.º § 25.

O qual Pinto reprova na dita Relação 3.ª, n.º 52 é tão somente o interrogatório das testemunhas nomeadas pelo queixoso, que anula toda a espécie de devassas, mas não perguntar-se por certa e determinada pessoa, quando se acha infamada e a devassa é particular e especial. O mesmo Leitão tratando das ofensas feitas à Justiça se distingue entre a certeza, e incerteza do delinquente, querendo que neste caso proceda a Ordenação do Livro 1, Título 65, § 31 e naquele a do Título 50, como rasou-a na dita qual 3.ª a n.º 54 e naquela 3.ª a n.º 34. Mas essa doutrina, que só podia seguir-se antes da referida extravagante de 24 de outubro de 1764, por nossas Ordenações fazerem umas vezes caso de devassa [e] outras de auto, as ofensas da justiça, segundo a diversidade dos fatos, não é hoje de modo algum praticável depois daquela extravagante segundo o § 3.º, que obriga tirar devassa, ainda quando somente consistir a ofensa em palavras injuriosas, que continham afronta, e determina o § 5.º.

Do auto da folha 15 verso consta queixar-se agravado não só dos agravantes, de um como escriturário dos pasquins e do outro como mandante, mas também de incertas e vagas pessoas, quais os auxiliadores, compartes e sabedores do delito. Já a devassa se não dirigia absolutamente contra certa e determinada pessoa, mas geralmente a descobrir os auxiliadores compartes e sabedores. Contra aqueles certos precedeu pública infâmia, por qual geralmente se conhecia naquele arraial ser a letra dos pasquins do agravante caixeiro, que servindo de corpo de delito a mesma devassa, como consta à folha 16, era indispensável jurarem as testemunhas sobre o seu reconhecimento, como juram a respeito das gazuas[22] e outros instrumentos, que se encontram nos malefícios. A pessoa do amo também era notoriamente infamada, tanto pela familiaridade e subordinação do escriturário, como porque poucos dias antes tinha publicado naquele arraial alguns dos mesmos convícios, que formalizaram as trovas, que pela sua deformidade e grosseria, bem mostram ser do agravado, que no recurso se confessa pedante.

Trazer contra si o agravado com o agravante amo alguns insignificantes pleitos, não o exclui da presente acusação, a qual normalmente se havia de proceder *ex officio*, porque nem ele acusa como um do povo, nem aquelas causas pendem sobre todos ou a maior parte dos bens, menos é a injúria rigorosamente causa crime. O mais é confessarem os agravantes ter visto a devassa, enquanto dizem não haver nela testemunhas, que os culpem, quando a Ordenação do Livro 1, Título 65, § 37, se se continha tão somente com uma para a legalidade da pronúncia. Como a devassa é particular especial, contém corpo de delito e também se dirigiu a incertas e indeterminadas pessoas e de seu corpo não pode deixar de resultar prova, segundo a notoriedade, dos fatos e Vossa Majestade julgue pelas leis e não pelos exemplos ainda quando se mostram a de parecer legítima a devassa e pronúncia conformes com a extravagante de 24 de outubro de 1764, desarrazoada a queixa e por isso improvisa.

Em contrariedade, requeiro a junte o escrivão por certidão que o agravado prestou e fiança que deu as custas.

Azevedo [e] Melo

[Acórdão da Relação,[23] Rio de Janeiro, 12 de dezembro de 1798.]

Agravados foram os agravantes pelo juiz pela Ordenação da cidade de Mariana, em os pronunciar na devassa que por sátiras e libelos famosos lhe requereu o agravado; provando-o em seu agravo, vistos os autos e constando deles e culpa apensa, não haver outra prova contra os agravantes Raimundo de Penaforte, senão o dizerem as testemunhas que lhes parecia a letra das trovas, bem que disfarçada, semelhante à de um papel ou livro que era do punho daquele agravante. Bem se vê quão débil e falível é semelhante prova, pois que o direito a julga tal, ainda quando há exame judicial e não há disfarce dela; quanto mais no caso presente, que nem por tabeliães foi afirmado, mas somente por testemunhas, em que o direito não presume inteligência nesta matéria. E sendo tão fraca essa prova, mas é aqui [que] recai sobre o agravante Domingos de Oliveira, porquanto o Raimundo seja seu caixeiro, ele tenha inimizade, ou pleitos com o agravado, senão segue que fosse quem mandasse fazer aquelas indignas e néscias trovas, de que se queixou o agravado. Assim, que é incontroverso que foram pronunciados sem prova bastante e nem para a pronúncia havia aquela, que se chama sim e plena em direito.

Portanto, pelo mais dos autos mandam que reformando o juiz a pronúncia faça dar-se baixa na culpa, condenam ao agravado nas custas. Rio, 12 de dezembro de 1798.

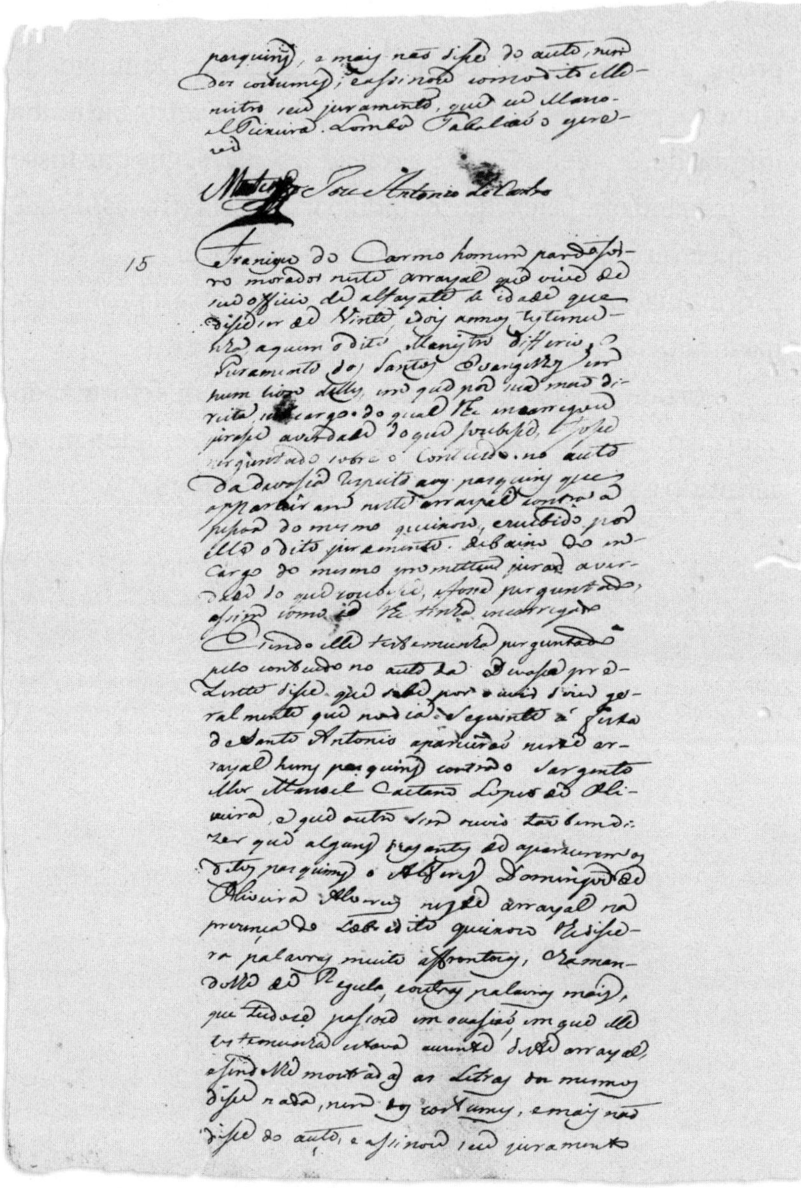

Página do manuscrito da devassa

POSFÁCIO

Álvaro de Araujo Antunes

Luciano Figueiredo

O SARGENTO E O ALFERES

"Ladrão! Régulo! Judeu!" Esses gritos espantosos atravessaram a manhã serena num pequeno arraial da zona rural de Minas Gerais. Os berros eram acompanhados por "Aqui del-rei!". Alguém estava em apuros.

O barulho atraiu toda a vizinhança naquele 4 de junho de 1798 em Calambau, povoado com quase mil moradores pertencente à freguesia de Guarapiranga, a mais de quinze léguas da cidade de Mariana, à qual estava subordinada jurídica e administrativamente.[1] A pequena multidão acompanhou bem de perto a cena. Seu protagonista era Domingos de Oliveira Álvares, alferes que dirigia uma das principais lojas do lugar. Fora de si, disparava furioso todo tipo de impropério no meio da rua, diante de alguns escravizados que esburacavam o terreno próximo enfiando estacas para cercar um lote de terra.

Com as mãos na cabeça em sinal de desespero, esbravejava e pedia socorro usando a expressão costumeira: “Aqui del-rei!”.

Comandava a operação de cercamento o sargento-mor Manoel Caetano Lopes de Oliveira (1756-1814), alvo das ofensas do alferes.[2] Era ele o dono dos escravizados que, com ferramentas e moirões, demarcavam o terreno, demonstrando claramente a intenção de tomar posse do local na marra. O ponto escolhido para a ocupação, situado bem no centro do povoado e logo atrás da capela, era valorizado;[3] além do mais, aos olhos do alferes, tratava-se de uma invasão de propriedade, pois o terreno se confundia com aquele onde ele tinha o seu negócio. Justamente ali o sargento-mor pretendia começar a edificar uma casa.

“Você quer roubar as minhas terras! Aqui del-rei”, continuava a vociferar Domingos. “Régulo!”, repetia, dizendo-se ameaçado diante do grande poder do sargento-mor. Entre uma ofensa e outra, anunciava ainda que o oponente “vem me dar pancadas”, reforçando sua condição de vítima indefesa.

Ninguém apareceu para acudir o alferes em desespero, mas o escândalo surtiu efeito e a obra foi paralisada. Em seguida, o sargento-mor se levantou de onde acompanhava a atividade de seus cativos e, ofendido pelo palavreado, reagiu, com ar de superioridade. Afinal, ele não era um sujeito qualquer, daqueles que viviam de trabalhos braçais. Manoel Caetano, natural da Borda do Campo (atual Barbacena), na comarca vizinha do Rio das Mortes, era fazendeiro, e, aos 42 anos, fizera-se um dos homens mais poderosos do local, embora morasse ali havia poucos anos. Casado com dona Ana Jacinta de Jesus, era pai de uma filha, e proprietário de uma casa de vivenda de sobrado coberta de telhas, de um engenho de água e moinho, muito provavelmente destinado à produção de açúcar. Era ainda dono de terras de capoeiras e matas virgens em Calambau e na região do rio Pomba. Sua escravaria chegava a vinte homens, mulheres e crianças, grande parte da qual lavrava a terra com foices e enxadas, ou cuidava das vacas e dos porcos.[4] Naquele meio social, era tratado como membro da seleta "nobreza da terra", condição que fazia questão de ostentar ao circular em público "com pajens e cavalos de estada", segundo seu advogado.[5]

Não era só a situação econômica que distinguia os dois homens. Domingos, mesmo sendo dono de um estabelecimento comercial de proporções consideráveis, permanecia em condição degradante de "oficial mecânico", conforme os valores vigentes, obrigado a trabalhar de sol a sol carregando fardos, servindo a clientela, abrindo e fechando sua loja. A temperança nos gestos também separava um do outro. Por isso, durante o conflito público, Manoel Caetano tomou atitudes de acordo com sua posição. Depois de, para escapar do bate-boca, ordenar que a obra fosse interrompida, desabotoou diante de todos a parte de cima da roupa que vestia e abriu os braços, pedindo que testemunhassem que ele estava desarmado. Com o gesto teatral, deixava claro que não tinha propósito algum de reagir com violência ou ameaçar alguém, embora pudesse fazê-lo.

O conflito lembra a cena célebre eternizada na obra de Eça de Queiroz que se passa no interior de Portugal. Em *A ilustre casa de Ramires*, o protagonista Gonçalo Mendes Ramires, ao caminhar à tarde pela estrada próxima de sua propriedade, "raspando com a bengalinha as silvas floridas", topa com José Casco, homem bruto que lhe cobra um antigo acordo de arrendamento de terra que o fidalgo deixou de cumprir. Sozinhos numa estrada deserta, o Casco ali mesmo reclama colérico o cumprimento da palavra dada por Ramires, que desconversa pedindo que continuassem a resolução do conflito de maneira mais cortês. "Aqui não é lugar, na estrada. Se quer conversar comigo, apareça na Torre." Possesso, diante da quebra da palavra dada e das manhas do cortesão, Casco ameaça Ramires com seu cajado. Porém, cai em si na última hora e, controlando o impulso de moer o nobre à pancada, grita: "Fuja, fidalgo, que me perco... Fuja que o mato e me perco!", clamor atendido sem demora por Ramires, que saiu desabalado até a segurança e tranquilidade da sua Torre "de mil anos".[6]

Também no arraial mineiro, a calma foi tomando conta do lugar aos poucos, e a preocupação em preparar a festa em devoção a santo Antônio, no dia 13 de junho, substituiu a lembrança daquela briga. Padroeiro do povoado, o santo lisboeta dispunha de grande popularidade, emprestando o nome a diversas localidades de Minas Gerais. Além de o patrono da capital lusa ser conhecido como "santo casamenteiro", no período colonial atribuía-se a ele a habilidade de encontrar objetos perdidos e até mesmo escravizados fugidos.[7] A santo Antônio foi dedicada a primeira capela de Calambau, abandonada após a construção de um novo templo, em 1775, a algumas dezenas de metros da margem do rio Piranga.

Nessa edificação, os fiéis assistiam às missas comemorativas do santo padroeiro, no fim das quais se davam aos pequenos desfrutes da vida comunitária, regada a conversas e comes e bebes. O arraial, em festa, ganhava vida no vai e vem dos seus próprios habitantes, dos visitantes que vinham das zonas vizinhas, e daqueles que chegavam pelos caminhos no entorno e por ali pernoitavam em casas de amigos e parentes.

Em meio à paisagem rural, bem diferente das vilas urbanizadas de Minas, Calambau ocupava, à beira de estradas movimentadas, o papel de centro comercial da região, espaço de mineração assim como de prestação de serviços, com suas oficinas e tendas que atendiam às fazendas de gado e de plantação. Ao redor da trama de rios, como o Piranga, Calambau, Turvo e Bacalhau, executavam-se os trabalhos de exploração aurífera, ao mesmo tempo que nas terras à margem plantavam-se gêneros de subsistência, como milho, banana, mandioca e cana-de-açúcar. Tais produtos muitas vezes adentravam a rota mercantil usando a rede de estradas que ligavam o arraial a Guarapiranga, Mariana, Vila Rica e, por esse canal, às regiões fluminenses e paulistas. E, tomando o caminho do sertão, chegavam à Bahia.[8]

É bem provável que a povoação tenha sido formada no início do século XVIII por colonizadores atraídos pelo ouro do rio Piranga e seus afluentes, configurando-se então como área de fronteira. Um relato de meados do século XVIII traz uma breve descrição da região: na "paragem chamada Calhambau, [...] está a capela de Santo Antônio, ereta pelo capitão Antônio Álvares Pereira a sua custa em 1728; tem capelão, pago à custa dos moradores, e tudo até aqui povoado de roças e lavras no rio, com algumas rodas neles [...]".[9] O arraial fazia parte do grande termo (circunscrição administrativa) de Mariana, sede do bispado e primeira cidade de Minas. Mesmo sendo raros os registros populacionais completos para o período, num "Rol dos que confessaram e comungaram no ano de 1766", organizado pela Igreja, sabe-se que a localidade possuía 756 habitantes e 64 residências, sendo uma das mais populosas da freguesia de Guarapiranga.[10]

Naquele ano de 1798, na manhã seguinte à festa de santo Antônio, bem cedinho, outro episódio sobressaltou a população, dessa vez sem gritaria mas com muito burburinho. Para susto de uns e diversão de muitos que procuravam motivo para se aquecer do frio extremo que fazia, "cartazes difamatórios" apareceram nos lugares mais movimentados de Calambau. O acontecimento juntou muita gente mais uma vez, e os rumores se espalharam como rastilho de pólvora. Esses pasquins anônimos escritos à mão em pedaços de papel, que alguns pregavam de madrugada aproveitando-se da forte neblina, viraram o assunto do dia.[11] Grupos formados por moradores, visitantes e gente da estrada que cruzava o arraial cercaram os cartazes, fazendo uma pausa para ouvir, durante pouco mais de meia hora, a leitura em voz alta das histórias neles escritas sobre um vizinho conhecido de todos.

Os papéis, afixados em três locais diferentes, traziam o mesmo texto, uma extensa sátira dedicada a demolir a figura do sargento-mor Manoel Caetano. Mesmo sem saber ler, a maioria da população sabia ouvir, e não teve nenhuma dificuldade para entender o que acontecia.[12] Um ou outro capacitado nas letras leu em voz alta o que estava escrito, e quem estava ao redor escutou, memorizou e tratou de espalhar as notícias boca a boca.

No pasquim satírico, o sargento-mor era infamado por seu envolvimento, em colaboração com familiares, na conspiração que pretendia romper com a monarquia portuguesa e criar um novo governo em Minas, cujos implicados foram julgados e condenados seis anos antes, em 1792, na cidade do Rio de Janeiro. Além da acusação de partícipe na Conjuração

Mineira, o papel repisava em detalhes inúmeros episódios de mau comportamento por parte de Manoel Caetano no cotidiano civil e religioso da comunidade.

"ME CHAMO PASQUIM"

Quando se lê o pasquim pela primeira vez, a narrativa pode, em alguns trechos, soar intrincada, descontínua e velada. Distribuído em 41 quadras satíricas numeradas (além de cinco monósticos e três dísticos), seguidas de uma décima, o texto tem quatro núcleos temáticos em sequência, com certa proporção entre eles: a apresentação do pasquim à audiência (quadras 1 a 5); o perfil de Manoel Caetano, sua ocupação e atitudes transgressoras (entre a 6 e a 19); a Conjuração Mineira e os deveres dos súditos para com a monarquia (entre a 20 e a 27); e, uma vez mais, Manoel Caetano e seu comportamento rotineiro em Calambau (quadras 28 a 41). Estrofes em décima encerram a folha.

À medida que arranhamos a superfície do texto, alguns sentidos emergem. Os versos do prólogo destinam-se a atrair e mobilizar a maioria dos circundantes para ouvir a leitura. A mensagem é acolhedora, com as boas-vindas nas primeiras linhas ("Lhe dê bons-dias") e o artifício de autoapresentação que converte o pasquim num personagem ("Declaro-me agora/

Que me chamo pasquim"). Esse esforço de aproximação crescente com o público se antecipa à possibilidade do descarte e eliminação do próprio exemplar do libelo por parte daqueles que o encontrassem, atitude recomendada pela legislação que proibia os pasquins ("Senhores que me lerem/ Não me botem fora"). Existe nessa abertura que ocupa as primeiras cinco quadras uma espécie de declaração de intenções, combinando apelo de natureza religiosa ("Valha-me a Virgem Maria/ Valha-me a santa Teresa") e afetação de humildade do autor das trovas infamatórias ("Falta-me a inteligência/ Para esta obra fazer"), arrematada com certo suspense que prepara a chegada do assunto principal: "O homem lendo este papel/ Cai por debaixo da mesa". Afinal, o público ainda não fazia ideia do que seria exposto.

A sexta quadra traz propriamente a temática da obra, com a convocação comunitária para que se detenham diante do espetáculo e na nomeação do personagem injuriado. Seu título, "Capítulo", indica que começará a partir dali uma série de acusações. O personagem Manoel Caetano entra em cena dialogando com outra figura da sátira, o "*general*",[13] que conduz a conversa principiando por interrogá-lo ("Quem é você?"). O sargento-mor atende à demanda do seu interlocutor, figurado como superior hierárquico, toma a palavra e se apresenta ao público nas estrofes seguintes. Num tom confessional, reconhece com a frase "fui dos inconfidentes" sua atuação na Conjuração

Mineira contra a pessoa sagrada da rainha, envolvimento que lhe causa sofrimentos ("E por ser falso à nossa monarca/ Padeci grandes tormentos"). O general retoma a palavra e passa a humilhá-lo ("E ponha-se já descalço") e a condenar a atitude de traição, implicando sua descendência e o enxovalhando com nomes degradantes. Para apurar a participação de Manoel Caetano na Conjuração, pergunta-lhe o que se passara no Rio de Janeiro (estrofe), palco de eventos decisivos da articulação conspiratória e da repressão ao movimento.

Manoel Caetano pega a palavra e se põe a responder ao general entre as quadras 13 e 20, quando desenrola sua confissão de infidelidade à soberana e a Deus, evidenciando a natureza religiosa na qual se constituía a monarquia ("Eu confesso o meu delito/ De ser falso à soberana/ E a meu Deus infinito"). Nesse segmento do pasquim, entra em cena outro militar, figurado como um certo "*tenente-coronel Pereira*", que guia a sátira renovando o pedido de atenção aos moradores do Calambau ("Vejam, povo, o sucesso/ Do sobrinho Manoel Caetano") para condenar mais uma vez sua insolência por meio de um expediente singular, a rejeição de um eventual casamento do infamado com sua sobrinha; o rebelde não se fazia digno de pertencer à sua família.

Desse momento em diante, ocupando as quadras 20-27, o pasquim se descola de Manoel Caetano e assume a mensagem de defesa da lealdade à soberana, valor absoluto, somada à detratação da Conjuração Mineira e de alguns de seus personagens. No trecho a temática é conduzida primeiramente pelo "*tenente-coronel*", que passa a missão de dialogar com a rainha de Portugal a um certo d. Floriano. Este, a partir da quadra 21, apresenta o caráter de determinados partícipes do movimento, como Tiradentes, cujo apelido no manuscrito original aparece sempre com inicial minúscula, talvez como sinal de desqualificação. Ele é caracterizado como nada mais que um leva e traz ("O correio Tiradentes", quadras 22 e 23), cujo enforcamento foi merecido. Por sua vez, Joaquim Silvério dos Reis é demonizado por tentar se tornar príncipe da capitania de Minas Gerais no lugar da rainha de Portugal através da Conjuração. Outros grupos de personagens da história luso-brasileira e mineira envolvidos no movimento, como "padres, clérigos, estudantes", surgem nomeados, aqui e ali. Todos são atacados sem dó pelo autor do papel.

Descarregada toda a munição contra a Conjuração, o fio condutor na quadra 28 retorna aos ataques inclementes à pessoa de Manoel Caetano, cujo nome é martelado seis vezes ao longo de doze estrofes seguintes. O mesmo tom continuará até o fim. Nesse segmento, seu irmão clérigo, condenado efetivamente por crime de inconfidência pelo Tribunal do Rio de Janeiro, é também desqualificado. Na quadra 32, o texto atinge o clímax difamatório quando se conclama a audiência a atuar mais ativamente na disseminação da condenação de Manoel

Desenho alemão do século XVI ilustra o ambiente de uma leitura pública, semelhante à dos pasquins

Capela de Santo Antônio, no povoado de Calambau (atual Presidente Bernardes, MG)

Caetano ("Que morra Manoel Caetano!"), fazendo-se ainda a saudação típica de vassalos à soberana reinante: "Viva a rainha de Portugal!". Pede-se então que a mensagem anunciada no escrito ganhe ampla circulação ("Quem este nas esquinas achar/ Espalhe nas Minas Gerais").

A carga contra o sargento-mor se renova com denúncias de atitudes desprezíveis no cotidiano do arraial, e até a quadra 38 são lembrados casos em que ele teria agido de maneira pouco reverente à religião e com brutalidade junto à vizinhança ("Não respeitando o malvado/ A um templo de Deus"), para na quadra 39 ser o personagem figurado como o "diabo".

Pouco antes de ser concluída, a narrativa deixa de lado a crítica aos comportamentos cotidianos e passa a atingir a família, começando pelo ataque ao seu pai, mãe e irmãos. A figura paterna é lembrada pelo apelido nada honroso de "Come-lhe os Milhos" em alusão à sua bestialidade. Na última quadra, anuncia com ares de performance teatral (e cumplicidade afetuosa) o encerramento do espetáculo: "Acabou-se, acabou-se/ Acabou-se, meus amantes".

Adicionalmente às 41 quadras, há uma "décima" em que a voz do pasquim, como um personagem de carne e osso, adverte mais uma vez para a seriedade daquelas notícias, que mereciam zelo por parte da comunidade ("Leia, gente, com atenção"). Transparece aqui a esperança de que sua mensagem seja capaz de persuadir Manoel Caetano a corrigir seus erros ("Agora emendar-se há de/ O patife do malvado"). Caso contrário, promete o verso final em tom ameaçador, ele seria sentenciado a um castigo ainda mais humilhante e dolorido que o propiciado pela acidez da sátira lida na presença de dezenas de seus vizinhos.

PASQUINADAS

Manoel Caetano sentiu na pele toda a força de uma pasquinada. O que se passou no arraial do Calambau era acontecimento comum no mundo. Na região de Minas Gerais, como em outras partes do Brasil, em Portugal e na Europa, folhas volantes corriam sem parar. Esses escritos ou desenhos, satíricos ou não, destruíam reputações, ridicularizavam poderosos, mobilizavam multidões e também difundiam ideias.[14]

Lançar anonimamente críticas aos adversários mais poderosos era uma prática com séculos de tradição no Ocidente. Ministros, membros da nobreza, dignitários da Igreja, funcionários da Inquisição, vizinhos, familiares, ninguém esteve livre de ter o nome atacado por essas escrituras infamantes que amanheciam coladas ou pregadas em paredes e portas de igrejas, sempre em locais de grande circulação de transeuntes. Ocorria na Europa, desde o século XII, um processo de profunda transformação no qual a escritura — grafites, textos religiosos e outros — ganhava lentamente terreno sobre a palavra falada como instrumento de informação. E folhetos divulgados para vituperar adversários faziam parte disso.

O pasquim mineiro tem antepassados nobres. Um deles circulou na Inglaterra medieval: a Magna Carta de 1215 se propagou por textos fixados na entrada das principais igrejas do reino. Também a difusão da doutrina cristã no mesmo século tornou-se possível em várias partes da Europa graças às tábuas que, com inscrições em letras grandes para serem lidas de longe, eram colocadas nas portas dos templos.

A escolha do lugar para expor esse tipo de folheto difamatório, garantindo-lhe boa visibilidade, era decisão tão importante quanto escrever o pasquim. Na Roma do século XVI, virou febre fazer versos satíricos e libelos com críticas dirigidas a pessoas e autoridades, deixando-os grudados numa estátua que representava Menelau, perto da Piazza Navona. A estátua passaria a ser chamada de Pasquino pelos habitantes locais, em alusão ao nome de um alfaiate ou barbeiro que morava nos arredores. A partir daí, os italianos batizaram com o termo *pasquinata*[15] esse costume que se espalhou por Florença e Veneza e alcançou toda a Europa.[16]

Em Portugal e no seu Império colonial, a palavra "pasquinada" já fazia parte da língua no início do século XVIII, associada a "todas as sátiras, piques, e pedradas que ocultamente se dão às pessoas, de que se não pode dizer mal às claras".

Já circulava ao mesmo tempo a definição de "pasquim" como um "dito picante, posto em papel, e publicamente exposto", segundo o *Vocabulário* de Raphael Bluteau. Mais próximo à data em que o pasquim do Calambau apareceu, o *Dicionário* de Antônio de Morais Silva (1789) definia-o como "sátira por escrito pregada nas ruas, ou portas".[17] Mesmo com todo esse esforço normativo, Adriana Romeiro lembrou que "o termo 'pasquim' aludia mais à forma pública de circulação — afixados, ou passados de mão em mão — do que a uma determinada estrutura formal".[18]

A notícia mais antiga sobre tais papéis anônimos e injuriosos nas terras brasileiras, contemporânea da primeira onda de pasquinadas na Itália, data de 1587, quando um lavrador, em São Jorge dos Ilhéus, na Bahia, usou desse recurso para atacar a maneira de benzer adotada pelos padres na região.[19] Na segunda metade do século XVIII, as brigas pelo poder em São Paulo provocaram a redação de ataques direcionados ao governador da capitania, d. Luís Antônio de Souza, Morgado de Mateus. Em forma de versos, ele foi acusado de "destruidor do povo" e "fidalgo de aldeia, e de meia-tigela", linguagem bem mais amena comparada à que aparece em Calambau.[20]

Em Minas Gerais, os pasquins foram relativamente frequentes e costumavam não dar vida fácil aos que governavam, como foi o caso dos cinco escritos contra d. Lourenço de Almeida, divulgados em 1732, um ano após o fim do seu governo na capitania. A autoridade não seria nem a primeira nem a última a merecer esse tipo de afronta. O principal representante do poder régio na capitania foi alvo, em 1788, de inúmeras provocações apregoadas em folhas volantes espalhadas pela cidade, em reação às mudanças que pretendia fazer. Nas folhas, Luís da Cunha Meneses, o governador e capitão-general da capitania, aparecia simbolizado como "chefe", "general" e, ainda, "Fanfarrão Minésio". Se a devassa instaurada pela Justiça na época não conseguiu encontrar o autor de tais escritos, os estudiosos da literatura, muito tempo depois, reuniram treze desses pasquins e os atribuíram a Tomás Antônio Gonzaga, intitulando o conjunto de *Cartas chilenas*, talvez a pasquinada mais célebre da história do Brasil.[21]

Tampouco escapavam da língua ferina dos escritos os vizinhos com os quais se tinha alguma inimizade. Em Minas, à devassa aberta pelo Tribunal de Mariana para averiguar a autoria do pasquim do Calambau somam-se muitas outras ações judiciais que vinham sendo perpetradas pelos juízes locais na comarca de Ouro Preto por motivo idêntico. O infamado Manoel Caetano não esteve sozinho. João Batista de Freitas, homem branco, passou pelo desprazer de ser atacado por pasquins afixados na esquina da casa em que morava, em frente à capela de Nossa Senhora do Rosário do Alto da Cruz, em Ouro Preto. José Pimenta foi outra vítima, assim como os vereadores, juízes e escrivães da Câmara de Vila Rica, ofendidos por um desses papéis injuriosos em 1772. O que diziam nunca se vai conseguir saber, pois seus registros foram destruídos.[22]

A DEVASSA DE MARIANA

Ataques anônimos à reputação de adversários encontravam nessa escrita efêmera seu suporte preferido, o que levou o termo "pasquim" a quase sempre vir acompanhado do adjetivo "infamatório". Tal tipo de ofensa era considerado crime em diversos códigos penais portugueses, valendo para o Brasil o que estava prescrito a respeito da transgressão desde 1603 nas Ordenações Filipinas (que por sua vez atualizam determinações presentes desde as Ordenações Afonsinas, promulgadas no século XV). A pena para injúria feita por alguém em caráter público (diferente do simples mexerico) seria mais pesada, e arbitrada pelo juiz, em conformidade com o Livro V, Título 84, no qual se determina "que seja gravemente castigado" aquele "que fez tal escrito ou carta, ou trovas de maldizer".

No mesmo título das Ordenações, condenam-se as cartas difamatórias à destruição imediata. Nele se lê: "mandamos que se algum escrito se achar aberto e o ler logo se rompa de tal maneira que se não possa ler, sem mais falar nem publicar".[23] Das três cópias do pasquim do Calambau, duas tiveram esse destino, restando um raríssimo exemplar.

Ao que tudo indica, as Ordenações não conseguiram coibir o costume de infamar por meio de libelos, pois, em 1753, d. José I lançaria um alvará de lei advertindo as autoridades quanto ao dever de castigar "os que fazem, ou publicam sátiras, ou libelos famosos", delito que acontecia nas colônias e que causava enorme "prejuízo da honra de meus vassalos", dizia. A partir desse alvará, o "delito tão atroz" de divulgar papéis infamantes (ou "famosos") em público passou a merecer a abertura de devassa para instruir o processo criminal.[24]

Em virtude desse amparo legal, o sargento-mor do Calambau buscou justiça para as ofensas que recebeu: não apenas sua honra fora atacada, como alguém violara as leis que proibiam a divulgação de libelos como aqueles. Uma semana depois do aparecimento dos pasquins, no dia 21 de junho, ele deu entrada no cartório da cidade de Mariana, com a ajuda de seu advogado, num pedido de sindicância para apurar as circunstâncias em torno da sua preparação e publicação. Atendido no seu pleito, logo em seguida os oficiais de Justiça começaram a convocar para depor os moradores do arraial que tiveram contato com os pasquins.

Havia combustível para inflamar a devassa e um processo judicial, pois a muitas dessas pessoas soaram familiares as expressões e os termos ouvidos na sátira lida em público. Conforme ajudam a esclarecer ao longo da devassa que se preparou a respeito da pasquinada, todos ali lembraram que, dez dias antes, palavras como "judeu", "régulo", "falso à Coroa", "levantado", "inconfidente" foram propagadas em altas vozes nas ruas do arraial. Além disso, era grande a semelhança entre as circunstâncias divulgadas pelo papel anônimo envolvendo o seu protagonista e as acusações a ele feitas dez dias antes, como o desrespeito aos espaços sagrados e a prepotência em relação aos moradores.

Muitos não vacilaram em associar o que estava escrito nos pasquins à briga que haviam presenciado. Um dos vizinhos, Pedro de Souza, reconheceu que as "vozes desabridas" do alferes Domingos Álvares afirmando ser o sargento-mor "régulo" e "ladrão", como declarou, "estavam escritas no mesmo pasquim".

A devassa que se abriu era um procedimento judicial de coleta de testemunhos para reunir informações sobre um caso que instruiria um eventual processo de julgamento. Tinha como objetivo averiguar a autoria de determinado delito punível por lei, o que, normalmente, envolvia a avaliação denominada "corpo de delito", além da inquirição de testemunhas pela Justiça. Tais encaminhamentos judiciais buscavam a indicação do culpado e posterior abertura de processo, no qual havia espaço para o contraditório entre acusação e defesa. Portanto, abrir ou não o processo dependia do que fosse apurado na devassa.

No pedido de abertura, o sargento-mor, desconfiado da autoria, deixa claro que queria a prisão do alferes Domingos

Álvares e de seu caixeiro, Raimundo de Penaforte, pelo crime.[25] Como cumpria à devassa juntar elementos para formar, ou não, um processo judicial, as declarações giram ao redor de indícios que pudessem constituir algum tipo de evidência ligada ao aparecimento do pasquim, às razões de tal agressão e, finalmente, ao autor daqueles ataques a Manoel Caetano, que pediu a abertura do processo.

Numa devassa, todos os convocados são obrigados a comparecer e, diante do juiz e de seu secretário, relatar o que sabem sobre o caso. É o que fazem alguns dos moradores do Calambau e arredores, que se deslocam para depor distante do palco da pasquinada, no tribunal organizado na cidade de Mariana entre 27 de junho e 11 de julho de 1798. Nesse intervalo, desfilam nos autos aqui publicados gente como o capitão Dionísio da Silva Ribeiro, "homem branco" e que "vive de negócio de fazenda seca", e, no outro extremo da escala social, a preta forra Ana Lopes, mulher nascida na África que, com mais de quarenta anos, fiava algodão. Vamos aos poucos vislumbrando não apenas as impressões causadas pelo pasquim nesses indivíduos, mas sobretudo a audiência à qual chegavam as ideias do folheto, formada por pessoas em diferentes condições de vida, como alfaiates, carpinteiros, latoeiros, pintores, músicos, sapateiro, lavradores, vendeiros, feitores, tropeiro, fiandeira, comerciantes de animais e de gente escravizada.[26]

Deles, a devassa busca extrair a resposta para a autoria dos libelos. Além de apurar que várias palavras do texto injurioso tinham sido proferidas publicamente na briga do início do mês de junho, o juiz investiu no exame "grafotécnico", expediente habitual para averiguar autoria de pasquins. A tarefa não se mostrava fácil. Manoel Lopes Francisco, homem branco que vivia do ofício de carpinteiro, reconheceu o conteúdo do pasquim, mas não a letra, por não ser perito "em ler e escrever", o que se insinuava na assinatura tremida e espaçada no fim do seu depoimento.[27]

A situação do dono da loja, o alferes Domingos, se complica, uma vez que diversas testemunhas demonstram reconhecer a letra usada nos pasquins. Notam que ela era muito semelhante à de Raimundo de Penaforte, responsável pelo caixa que atendia a freguesia no balcão do seu movimentado estabelecimento, apontando a lista de compras feitas, as dívidas contraídas, lendo e escrevendo cartas para os fornecedores.

Os juízes da devassa auxiliaram a memória dos depoentes, apresentando a eles no momento da inquirição vários papéis escritos por Raimundo de Penaforte, como cartas e recibos, para que conferissem se a letra batia com a do exemplar do pasquim. Mostravam ainda aos convocados um "caderno" ou "livro" manuscrito, denominado "Juízo universal de cada ano", feito e divulgado em Calambau pelo caixeiro. Era possivelmente um folheto muito popular nas comunidades rurais luso-brasileiras, espécie de almanaque, com indicações astronômicas e meteorológicas associadas à vontade divina.[28]

A semelhança entre a caligrafia do pasquim e os escritos de Raimundo foi constatada por diferentes evidências, que as testemunhas vão registrando, como a forma de desenhar os números e as letras. Um dos depoentes, ao comparar os papéis, esclarece que a letra do "caderno [intitulado 'Juízo universal de cada ano'] era feita pelo próprio punho de Raimundo de Penaforte, e que imitava a letra dos pasquins". Já Vicência, crioula forra que vivia da sua "venda de molhados", não sabia ler e escrever, mas essa limitação não a impediu de reconhecer o conteúdo dos versos injuriosos lidos para ela. Vicência era uma "leitora de ouvido".[29] Já Leandro da Silva, outro vendeiro, reconheceu não só as letras como também os algarismos contidos no pasquim. Dentre outros que podem ser acompanhados na devassa, os exemplos citados põem em perspectiva os limites entre a escrita e a oralidade.[30]

São esses apenas alguns aspectos de uma "cultura dos escritos" semeada no solo duro e desigual das Minas Gerais. Muito embora redigir fosse uma competência restrita à pequena parcela da sociedade setecentista, tratava-se de um instrumento corriqueiro utilizado no registro e na transferência de informações, servindo às esferas da administração secular e religiosa. Ainda que de forma limitada, a escrita e a leitura também eram praticadas ordinariamente nas negociações e na comunicação. Tais aspectos ficam evidentes no pasquim e na devassa reproduzidos neste livro. Enquanto no pasquim se nota o assentamento das letras em constante flerte com a oralidade e nos limites incertos da ortografia e da gramática, na devassa as assinaturas e principalmente os depoimentos revelam níveis diversos de contato com a escrita, variáveis entre a nítida destreza e o contato paliativo do "leitor de escuta".

A MATERIALIDADE DO ESCRITO

É muito difícil saber ao certo como transcorreu a leitura do pasquim em junho de 1798. Um exame mais cuidadoso, porém, deixa claro que o manuscrito foi meticulosamente preparado e organizado.

A observação atenta de seu teor e da maneira como ele foi arquitetado, de sua organização visual e de sua redação, revela que o pasquim do Calambau consiste numa máquina de guerra. Suas palavras ferem, seu assunto contamina, a leitura pública atrai, mobiliza, comove; seus recursos gráficos ajudam a realizar o potencial agressivo da mensagem. As quadras, na maioria rimadas e entoadas de modo a contribuir para a memorização de quem ouve, pretendem cativar e persuadir uma plateia dispersa, demonstrando que a escolha do gênero satírico não foi gratuita.

Para tanto, colabora a singularíssima materialidade do escrito, uma vez que o próprio texto traz, ao orador que tomou para si a tarefa de ler em público, orientações explícitas sobre a forma como a leitura deveria acontecer. O empreendimento parece ter sido um sucesso, considerando-se que os três exemplares "foram lidos e vistos por todo ou pela maior parte do povo daquele arraial [...] vendo o seu desaforo e desenvoltura", conforme se atestou no processo judicial.

À competência narrativa do autor intelectual do texto soma-se a do autor material, o escrevente, pois tudo sugere que um profissional da escrita foi contratado para pôr no papel os dizeres do pasquim. Fazendo uso de sinais, o escrevente indica pausas, acentos tônicos, momentos em que deve haver elevação da voz, a fim de conduzir adequadamente a leitura do orador.

Essa possibilidade de visualizar a cuidadosa elaboração gráfica de uma obra manuscrita, que traz informações preciosas sobre o ato de ler no passado, é uma oportunidade rara. Como já se mencionou, foram pouquíssimos os exemplares de pasquins que restaram (sobretudo até o século XIX) e, por vezes, os que sobreviveram — geralmente anexados a processos de natureza judicial ou reproduzidos em códices privados — são cópias de época que não espelharam nem a caligrafia nem a ortografia dos originais, como é o caso dos extraordinários boletins que circularam na Conjuração Baiana.[31]

No pasquim do Calambau, traços, sinais e fórmulas de enunciados compõem uma espécie de partitura, que podemos acompanhar na versão fac-similada desta edição. Como vimos há pouco, o prólogo com cinco quadras está assinalado com ondulações, as quais também fecham o segmento. É como uma cortina que se abre para o leitor, apresentando-o a um texto desconhecido.

O registro de "O povo do Calambau" aparece em letras maiores do que as de todo o restante do texto, indicação deixada por quem o escreveu para que o orador elevasse a voz antes de, com solenidade gaiata, anunciar a todos que começassem a se aglomerar ao redor dele o que viria a seguir: "Notícias vos quero dar". O tratamento na segunda pessoa do plural, então reservado às camadas sociais inferiores, era também empregado para demonstrar irritação.

Da mesma maneira, o recurso de sublinhar certas passagens mostra ao orador a necessidade de ênfase ou de especial atenção quando algum dos personagens vai se pronunciar, como, por exemplo, em "*Disse o general*", "*Disse o tenente-coronel Pereira*". Outro recurso gráfico que auxiliaria o orador são os traços (ou linhas) que separam os capítulos, seccionando a narrativa a fim de dar organização e sentido rítmico à elocução.

Também a numeração poderia ter uma função particular. A leitura coletiva pública e frenética de um pasquim — muito diferente daquela que então se fazia dos diversos anúncios

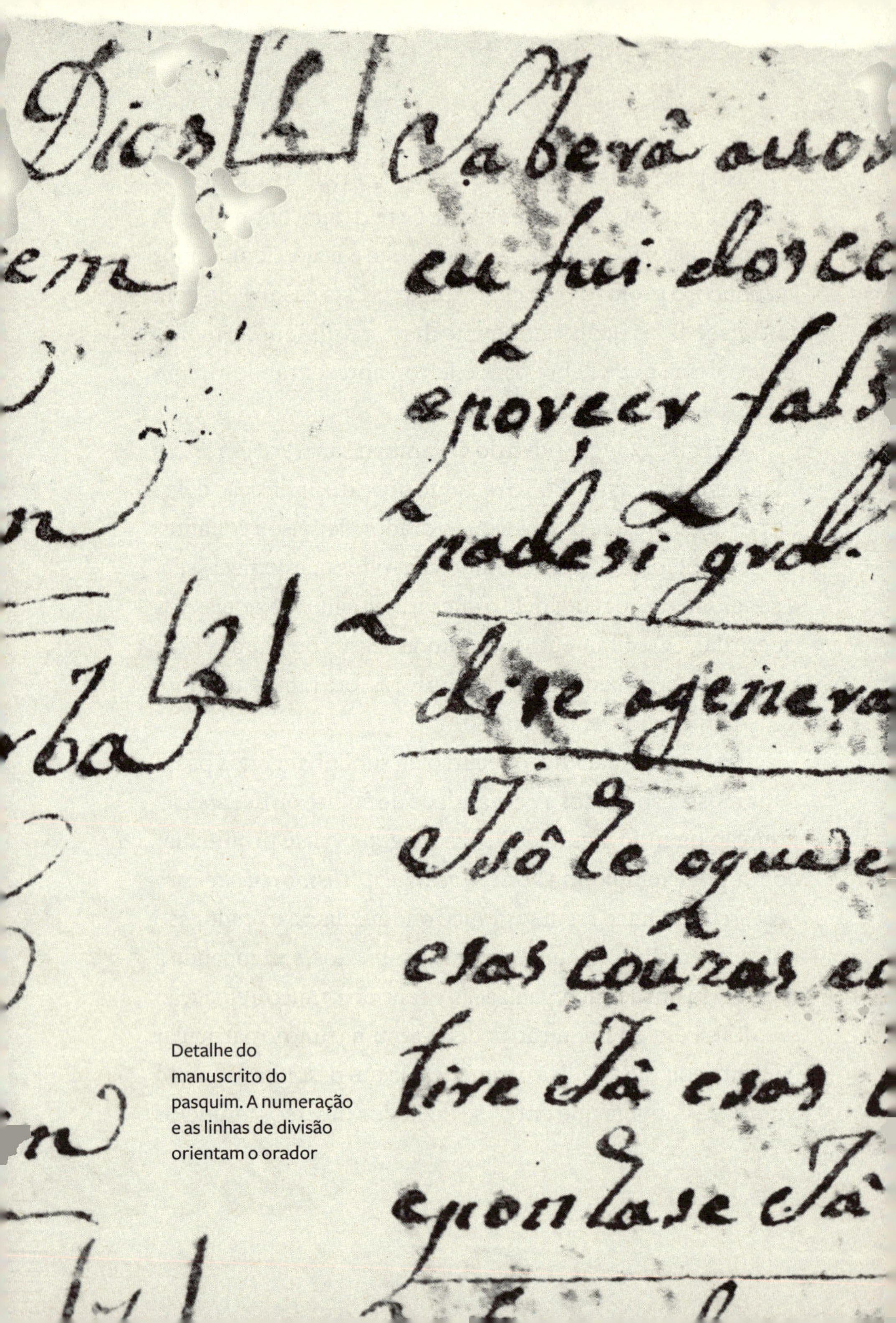

Detalhe do manuscrito do pasquim. A numeração e as linhas de divisão orientam o orador

m^x. que naõ. 3

identes 8

nada monarca

omentos

9

queria saber

mbaraso

Altso

---

lise o

O tome

deser

atrevid

naõ sec

veiome

aflito c

veiam

do

solenes das autoridades locais — tende a ser dispersiva, uma vez que os participantes comentam o que é lido, concordam ou discordam, riem, se divertem, pedem apartes. Como aponta João Adolfo Hansen, "poemas satíricos barrocos funcionam em condições teatrais: como comunicação entre um cantador e seu auditório".[32] Os que assistem possivelmente fazem o sinal da cruz quando a palavra "Deus" é pronunciada, esconjuram o demônio quando ele é mencionado, repetem em altas vozes a expressão "Viva a rainha de Portugal" e redobram os xingamentos no momento em que estes são enunciados. Com tamanha participação da plateia, o orador talvez precisasse interromper a leitura aqui e ali, à espera de que os ânimos serenassem.Os números no suporte serviriam para ajudar o orador a encontrar o ponto em que tivesse parado e prosseguir sua encenação, ocorrendo assim uma transmissão mais eficiente da mensagem. Adicionalmente, para leitores menos hábeis, que poderiam ler fora de ordem, ficaria sinalizada a sequência, recurso valioso para atravessar um texto longo. Uma das peculiaridades do pasquim do Calambau é sua extensão, admitida num dos trechos da devassa, que se refere aos "cartazes difamatórios" como "grandes". Pasquins dessa dimensão não eram comuns entre os exemplares conhecidos no universo luso-brasileiro.

Não bastassem tais recursos, há no próprio corpo do texto, sem segredo, outras orientações precisas que socorrem o orador em sua leitura. Ao mesmo tempo, elas cativam a audiência, que fica sabendo que a diversão não acabou quando ouve uma frase inesperada: "Vire para trás que ainda tem mais", indicando o final da primeira página. Tais interpolações, ladinas, conduzem mais uma vez a leitura do orador e o público ouvinte para um desfecho. Em outra delas se escreveu: "Torne para a banda de cima" no fim da penúltima coluna. O mesmo pode ser dito quando "acabou-se" é repetido três vezes seguidas na derradeira quadra.

Criando uma conexão entre texto, leitor e ouvintes, o manuscrito busca diminuir a distância entre quem lê e quem escuta. Essa interação é reforçada graças ainda aos apelos para que a audiência faça parte da leitura: "Não me botem fora/ Deixem todos verem" ou à recomendação "E leia com atenção". A linguagem amorosa empregada em outros momentos ("meus amantes") tem também essa função de aproximação.

O que se constata além disso é que o autor material do libelo não era alguém inexperiente no ofício de escrever. A adoção de colunas e de áreas brancas separando-as com nitidez uniforme, a distribuição harmoniosa do texto nas páginas, seu regramento na folha e a caprichada legibilidade da letra demonstravam um bom domínio do "escriturário". Tratava-se sem dúvida de um copista diligente. Se tomarmos como parâmetro as exigências dos mestres calígrafos, o autor do pasquim do Calambau atendia a várias delas: uma boa caligrafia, levando-se em conta, entre outras características, a regularidade da altura e da largura das letras, da distância entre letras e palavras, o emprego apropriado das letras maiúsculas, a reduzida alteração da inclinação em seu conjunto.[33] A título de exemplo, as letras "b", "p", "h", "q", cada qual aparecendo num padrão próprio, apresentam haste longa com um acabamento em sua extremidade. Por sua vez, os números são proporcionais entre si e pouco variam em aspecto.

É curioso o contraste entre essa habilidade e a qualidade duvidosa da ortografia e da sintaxe do texto. Muitas palavras são transcritas quase foneticamente, como "Xeguei" (em lugar de "Cheguei"), "axar" (achar), "Itiligensia" (inteligência) e mesmo "pisquim" (pasquim). Ainda que na época não houvesse uma padronização rigorosa na forma de escrever em língua portuguesa, não era comum esse tipo de escrita entre autores letrados. Ao manuscrito, sem aparente aprimoramento gramatical, faltam, por exemplo, sinais de exclamação e de interrogação, como no caso de "Quem é você..." em vez de "Quem é você?".

Por outro lado, como era frequente em muitos textos de então, independentemente do nível de letramento de quem redigia, constam no pasquim diferentes grafias de uma mesma palavra. É o caso de "soberba", grafada como "soberbias", "aSoberba" e "subirbia".

Pode-se destacar também uma oralidade exuberante, que busca transcrever as palavras da forma como eram então vocalizadas. A historiadora Arlete Farge lembra que esses pasquins são "escritos com uma pena claudicante em papel ordinário, mas que conservam, apesar do tempo, a pressa, o ódio e a inabilidade, assim como uma improvável ortografia fonética". Tal tipo de documento "transmite o que nenhum texto pode oferecer, o modo como era pronunciado, articulado".[34]

Quanto aos "erros" de grafia, eles facilitavam a vida do leitor, fosse ele mais ou menos alfabetizado. Por isso, pouco importa se "cheguei" está escrito com "x" ou com "ch". É quase irrelevante para a oralização do pasquim que o "s" seja com frequência trocado pelo "z", e vice-versa; ou se o uso de "ç" apareça em "notiçias", tropeço que dificilmente aconteceria a quem tivesse algum verniz de letramento. Mandatório era que as palavras fossem reconhecidas quando pronunciadas. As falas do pasquim, afinal, adotam a oralidade e a audição compatíveis com a "temporalidade curta da praça e das ruas".[35]

No caso das rimas, prevalecem, na maior parte deste pasquim, os versos brancos, como na estrofe número 20: "Devemos a cabeça ao monarca/ A vida pelas honras/ A alma ao Altíssimo/ E esta daremos até anos". Por outro lado, quando rimadas, as estrofes, entremeadas de alguns monósticos e dísticos, apresentam rimas do tipo ABCB — o segundo verso procura rimar com o quarto, deixando os outros dois soltos. Como em "Isso é o que eu queria saber/ Essas coisas eu embaraço/ Tire já essas botas/ E ponha-se já descalço". Em algumas estrofes, o escrevente mais uma vez parece ter escolhido sacrificar regras gramaticais básicas para chegar à rima, como no trecho da estrofe 28, em que, a "muitos anos", ele preferiu "muitos anno" para combinar a última sílaba com "Manoel Caetano". Em outras, faz-se uso de adaptações para a elaboração da rima, como, por exemplo, quando "Minas Gerais" transforma-se em "Minas Geral", para soar semelhante a "rainha de Portugal".

"BELO, BELO"

Esse desencontro intrigante entre a qualidade gráfica do texto e sua estrutura gramatical nos leva a uma pergunta central. Apesar de hábil na arte da caligrafia, seu escrevente teria tentado propositalmente disfarçar a letra e teria desfigurado a ortografia e a gramática a fim de esconder a autoria, como era comum na confecção dos pasquins? Ou o manuscrito espelhava as limitações do letramento de alguém que apenas dominava a capacidade de copiar letras, como muitos escrivães da época? A dúvida é indirimível, mas vale a pena arriscar algumas hipóteses.

Comecemos por imaginar que o documento houvesse sido escrito não por um, mas por dois autores. Afinal, ainda que o processo judicial no Tribunal de Mariana não tenha chegado a uma sentença confirmatória, são muitas as evidências que levam a crer que o alferes Domingos Álvares tenha resolvido apostar todas as fichas na preparação de uma obra anônima para destruir um adversário com o qual não conseguia rivalizar pelo uso de suas próprias forças. Confeccionada em pouco menos de dez dias (se aceita a hipótese de que a peça tenha sido produzida por ele), em três cópias, as circunstâncias ventiladas na documentação formada pela devassa e pelo processo judicial sugerem que a peça foi feita em parceria.

Domingos era conhecido na comunidade por sua vocação para criar trovas, as quais apresentava em sua loja. Em Minas, estabelecimentos comerciais como o que ele possuía eram ambientes que abrigavam intensas trocas culturais, com o encontro de homens e mulheres de diferentes condições sociais que faziam negócios, conversavam, debatiam, flertavam, bebiam e consumiam comestíveis. Mais animado ficava ainda o lugar se o dono fosse um trovador e seu caixeiro fosse autor de escritos de natureza religiosa como o "Juízo universal", o folheto manuscrito que os juízes da devassa acharam. Raimundo pode ter sido contratado pelo seu patrão (ou "amo", conforme os termos jurídicos no processo), ou por ele conduzido compulsoriamente a redigir os versos do pasquim, graças a sua habilidade na escrita, alimentando uma briga que talvez nem fosse sua. Pelo que declarou na devassa um velho amigo dele, que "desde a sua infância tem conhecimento do sobredito Raimundo e do seu espírito e conduta", não havia a menor chance de ele ser o idealizador do libelo, pois, segundo garantia, "o mesmo não tem gênio para fabricar um papel qual é o dito pasquim sem para isso ser auxiliado e persuadido de outrem".

Mesmo admitindo-se que Raimundo trabalhasse coagido, dada a sua condição de empregado na loja, como autor gráfico podem ter sido criações dele as indicações voltadas para ajudar no processo de leitura. Ao mesmo tempo, Raimundo e Domingos, juntos, podem ter dividido a elaboração das menções que evocavam a fidelidade devida pelos súditos à rainha que governava, assim como a devoção à religião católica.

Somando essas habilidades, acreditamos que o comerciante encomendou ao seu empregado a confecção do pasquim, abastecendo Raimundo de Penaforte com informações e detalhes sobre a vida de Manoel Caetano e de sua família, envolvidos na Conjuração Mineira, e sobre os episódios recentes ocorridos no arraial. Possivelmente nasceram da lavra do lojista com experiência de trovador, autor intelectual da peça, as frases, expressões, bem como palavras para fechar as rimas, sendo dele igualmente a carga de adjetivos agressivos contra o sargento-mor.

Nos dias que antecederam o aparecimento do pasquim, alguns habitantes do arraial flagraram a cena da dupla na loja lutando com palavras enquanto o texto era progressivamente composto. Domingos e Raimundo estiveram simulando os diálogos, ensaiando, corrigindo-os e tornando-os ainda mais venenosos.[36] Não foi uma luta vã. Graças ao processo judicial, conseguimos nos aproximar das circunstâncias que precederam o lançamento do libelo, e que hoje soam divertidas. Contaram alguns que Raimundo rabiscava as palavras com sua pena no papel e as ia repetindo para o seu amo. Este, satisfeito com o resultado dos versos, exclamava em voz alta: "Belo, belo", aprovando com entusiasmo o engenho da obra. Muitos moradores de Calambau acompanharam esse momento, pois a expressão caiu no gosto da população local. Como está registrado em trecho do processo reproduzido neste livro, "desde então ficou por estribilho, naquele arraial, responder-se a qualquer extravagância: 'Belo, belo'".

A composição do texto por Domingos e Raimundo, embora carregada de imprecisões gramaticais e com a rítmica nem sempre bem realizada, obedecia nitidamente às convenções e estilo da poesia barroca. Seus autores estiveram atentos à competência e às normas do gênero quando o adotaram; afinal, ele oferecia oportunidade para mobilizar plateias através dos artifícios habituais, como a hipérbole, as referências jocosas, a agressividade e o humor. Tudo isso sem pretender necessariamente retratar os acontecimentos como eles de fato ocorreram, mas antes cumprir certas regras de um estilo, desejando com isso deixar recomendações de correção na conduta moral daqueles que acompanhavam.[37] Raimundo, se foi ele quem redigiu o pasquim, deliberadamente maltratou a gramática para dissimular a autoria.

O recurso ao diálogo com Manoel Caetano, personagem satírico conduzido no início do pasquim pelo general e, mais adiante, por outros personagens como o tenente-coronel Pereira, era considerado um estilo refinado e típico do comportamento cortesão.[38] Num desses diálogos, surge um certo d. Floriano embaixador, voz cujo papel é se dirigir à rainha de Portugal então evocada. D. Floriano pode ter sido inspirado no personagem Floriano do Deserto, irmão do protagonista de *Palmeirim de Inglaterra*, uma das mais célebres novelas de cavalaria de Francisco de Morais, que circulou em Portugal no século XVI, cujos ecos podem ser escutados séculos depois no interior de Minas.[39]

Outras convenções da sátira estiveram presentes. Embora o texto se destinasse originalmente aos cortesãos, o povo mais simples divertia-se com o exagero dos traços do satirizado, como na passagem: "Este famoso judeu/ Tem altura de um turco".[40] Efeitos de inverossimilhança também aparecem, como a referência à excomunhão de Manoel Caetano e ao seu enforcamento em estátua no Rio de Janeiro, episódios que não aconteceram na vida real.

As convenções do gênero satírico não escapam aos seus autores, como o emprego de insultos, aliás abundantes na obra, usados em Minas no século XVIII, como "mariola" (que significava "patife, velhaco"), ainda mais agravado na companhia do adjetivo "excomungado". O tom sobe consideravelmente na última parte do libelo, quando a desqualificação se sedimenta na cultura católica, rígida e intolerante. Se antes Manoel Caetano sofre acusações de ser "falso", "vil", "patifão", o narrador Floriano, além de chamá-lo de "desgraçado", endurece o tratamento ao designá-lo "Judas fariseu", "turco" e "diabo".[41] E, mais adiante, "mouro", "Apoliom" e "centurião".

Uma das principais expressões da sátira no pasquim mobiliza as tópicas habituais que se propõem maldizer alguém figurado como um sujeito desonrado moralmente; "És vil e desalmado", registra-se numa das passagens. A pessoa satirizada é apresentada como deslocada em relação ao seu lugar hierárquico ("Ah, pobre Manoel Caetano/ Desgraçado sem ventura/ És abatido na Terra/ De todas as criaturas"), demonstrando que havia ali algo errado, num tempo em que a boa ordem política estava associada ao equilíbrio e à manutenção de posições compatíveis com a condição de cada um.

O uso de termo de baixo calão, pouco frequente na documentação colonial, faz parte das convenções satíricas, muito adotadas em pasquins. Ao se referir agressivamente aos inconfidentes como "filhos da puta" (seguido de "mouros"), o texto se aproxima da linguagem mais desabrida usada na rua. Tal recurso, além do evidente potencial ofensivo, busca trazer para perto do enredo a audiência formada por estratos populares, graças à adoção de um xingamento vulgar. "Filho da puta", por outro lado, é insulto que fere o ideal de fidalguia, corrente nas sociedades do Antigo Regime e cultivado por Manoel Caetano, que era considerado ali como um "nobre".

A acusação de má conduta de sua mãe, uma "puta"[42] (termo que já então aparece com o significado moderno), afeta diretamente a noção de pureza da ascendência familiar de cada um, bem como a limpeza de sangue, que assegurava distinção social. À desqualificação moral da mãe se somaria a do pai, o qual ganha contornos cômicos nos trechos finais do pasquim ao ser chamado de "jumento".

Assim, apesar de sua aparência rústica, as folhas volantes saídas da loja daquele arraial mineiro estão longe de ser um amontoado de impropérios desarticulados. Empregando uma caligrafia esmerada, lutando para aproximar (ou disfarçar) as palavras de sua ortografia formal, o esforço patenteado neste documento indica que o letramento daquelas "mãos inábeis" conseguia ultrapassar as camadas sociais elevadas.[43] Um guarda-livros modesto e um comerciante iracundo são capazes de reunir em versos de rimas trôpegas personagens de romance de cavalaria, referências apocalípticas e humor. Essa peça representativa do letramento popular que aparece num lugar remoto do Brasil colônia revela uma cultura vigorosa de debates políticos envolvendo camadas intermediárias e populares em seus lugares de convivência social, como as tavernas, as estradas, fontes de água e batuques. Muitas vezes invisíveis à história oficial, esses grupos sociais ocupam espaços sem grande destaque no nosso imaginário sobre o passado.

Tal ousadia da elaboração satírica por parte de grupos considerados desqualificados, como era o caso dos que exerciam atividades comerciais, não era bem recebida na época, uma vez que violava a ordem hierárquica, na qual a competência para a escrita cabia à elite. Nas *Cartas chilenas*, aparece claramente essa condenação de trovadores como o alferes Domingos e o caixeiro Raimundo: "Se te queres moldar aos teus talentos,/ Em tosca frase do País somente/ Escreve trovas, que os mulatos cantem".[44] O mesmo demérito transparece no processo judicial, aberto pelo infamado Manoel Caetano, quando o dr. Antônio da Silva e Souza comenta com superioridade irônica, mas acurado tino advocatício, que seus acusados "são sujeitos rústicos e ignorantes para fazerem versos, trovas". Segundo Silva e Souza, eles "nem sabem o que elas [as trovas] são, ou seja, [nem] o que quer dizer 'Décima'". No encerramento do processo, quando foi exarado o acórdão final, não desperdiça mais uma chance de desqualificá-las como "néscias trovas".

O torvelinho de palavras e de opiniões no texto escrito do pasquim traz à tona a história da família do sargento-mor Manoel Caetano. As referências, desde registros pouco elogiosos ao patriarca até acusações da participação de seus irmãos na Inconfidência Mineira, desmereciam o grupo. "Fortes injúrias eu passei/ E todos os meus parentes/ E todos nós padecemos/ Enforcado o Tiradentes", lamenta-se o personagem logo ao se apresentar.

Ao contrário dos seus irmãos, Manoel Caetano Lopes de Oliveira escapou à devassa do tribunal que julgou os suspeitos de conjuração em 1792 e, deixando a região de origem da família, por volta de 1795 se instalou no Calambau com certo conforto e folga financeira. Quando do falecimento do pai, em 1790, ele havia recebido de partilha 23 escravizados e, como testamenteiro da mãe, herdou os bens que lhe cabiam, sendo que alguns estavam em poder da sua cunhada, dona Hipólita Jacinta Teixeira de Melo.[45]

As boas condições financeiras não impediram que as complicações familiares fossem relembradas por seus adversários na localidade. Uma delas é sugerida no pasquim quando se afirma que Manoel Caetano era um dos da Mantiqueira. ("*Disse o general*: você/ Será dos da Mantiqueira"). A acusação fazia alusão aos pais e irmãos, enraizados na região de Borda do Campo, onde desde o início do século XVIII construíram um empório cercado de suspeitas. O patriarca, José Lopes de Oliveira, chegou mesmo a receber ordem de prisão na década de 1730 — na qual aparece tratado como "José Lopez Comelos-milhos" — em virtude dos problemas que ali criava resistindo à implantação do governo régio na capitania.[46]

A menção aos da Mantiqueira remetia a bandidos e salteadores que por ali perambulavam, praticando o garimpo clandestino e ávidos das riquezas trazidas pelos viajantes que entravam e saíam das minas. A região de Borda do Campo contava com uma companhia de cavalaria e, por sua proximidade da capital Vila Rica, dispunha da presença mais constante e policialesca do estado.[47] Com esse tipo de associação, o pasquim engenhosamente fazia lembrar a relação da família Oliveira com a Borda do Campo, área afamada pelo banditismo.

Esse enredo cheio de elipses no manuscrito vai ficando mais interessante ao se descobrir que um dos militares que atuaram no combate aos contrabandistas da Mantiqueira em nome da Coroa de Portugal, dedicado a guardar suas passagens e sertões, era um certo Joaquim José da Silva Xavier, o Tiradentes. Às ligações de Manoel Caetano com o movimento inconfidente incrementadas em diversos trechos do pasquim se somam evidências documentais que o aproximam de Tiradentes. Em seu depoimento ao inquérito que apurou as circunstâncias da Conjuração Mineira, Francisco Antônio de Oliveira Lopes comenta a prisão de seu irmão, ao que tudo indica o sargento-mor Manoel Caetano, juntamente com Joaquim Silvério dos Reis e Tiradentes, por ordem do vice-rei, no Rio de Janeiro.[48] A prisão de Manoel Caetano se revelaria um boato que perdurou por algum tempo, a ponto de aparecer registrado num dos trechos do pasquim.

Não eram, porém, fantasias as evidências de que o alferes Silva Xavier e o sargento-mor Manoel Caetano se conheciam. Dias antes de ser preso pelo crime de inconfidência, Tiradentes se desfizera de um escravo, de nome João Camundongo, vendido a Manoel Caetano Lopes de Oliveira.[49]

Joaquim José da Silva Xavier é apresentado no pasquim como um divulgador das ideias sediciosas, referido como "correio Tiradentes", apelido que se junta a outros recebidos em Minas, como o "corta-vento", o "república", o "liberdade", que povoam os *Autos de devassa da Inconfidência Mineira*. "Correio" faz clara alusão a sua faceta propagandista, a qual é comumente reconhecida pela historiografia, que destaca as viagens de Tiradentes para o Rio de Janeiro, seus encontros com os conjurados, sua atuação na associação de novos integrantes, o desvelo com que tratava do assunto em diversos lugares, incluindo prostíbulos.

Filho de pai natural do reino e de mãe paulista, Joaquim José da Silva Xavier ficou órfão aos onze anos de idade. Quando pequeno e desamparado, foi criado pelo seu tio e padrinho, com quem aprendeu o ofício "odontológico", de onde surgiu sua alcunha. Na juventude atuou como comerciante ambulante entre o Rio de Janeiro e a Bahia, de tal sorte que conhecia bem os caminhos que ligavam as várias paragens dessas capitanias. Aos 29 anos, tornou-se militar com o posto de alferes no regimento de cavalaria, ocasião em que possivelmente conheceu Francisco Antônio de Oliveira Lopes, coronel do regimento auxiliar de São João del-Rei e irmão mais velho de Manoel Caetano. Pelas rotas que percorria na década de 1780, Tiradentes, agora como militar, levava, sem peias ou cautela, o entusiasmo pelas Luzes e pela Revolução da América inglesa. Ainda que com algumas restrições, ele tinha abertura para tratar com Cláudio Manuel da Costa, Tomás Antônio Gonzaga, Domingos de Abreu Vieira, entre outros.

No pasquim, contudo, Tiradentes estava longe de ser o herói da nação, imagem que ganhou corpo na segunda metade do século XIX em apelos republicanos.[50]

O pasquim atacava não apenas o sargento-mor Manoel Caetano Lopes de Oliveira, mas também conhecidos e parentes, entre eles seu pai e um de seus irmãos, que participaram ativamente da Conjuração Mineira, tendo atuado nos momentos decisivos de sua preparação e sofrido, depois de presos, a condenação pelo tribunal em 1792. O personagem central do libelo e seus irmãos Francisco e José eram filhos de

Joaquim Silvério dos Reis, apontado no pasquim como a principal liderança da Inconfidência Mineira

Bernardina Caetana do Sacramento, nascida em Minas Gerais, e do tenente-coronel José Lopes de Oliveira, natural de Santa Maria do Olival, Porto, Portugal.

Da rede formada por parentes, tem destaque o irmão e padre sedicioso José Lopes de Oliveira, que carregava o mesmo nome do patriarca da família:[51] "Também se achou um padre/ Irmão de Manoel Caetano". Sua participação na Conjuração Mineira deveu-se ao chamado de seu companheiro de batina, padre Carlos Correa de Toledo e Melo, e ainda de José Aires Gomes, esposo de Maria Inácia de Oliveira, filha de segundas núpcias do patriarca da família Oliveira.[52]

Entre as relações firmadas pelo padre ao longo da vida, é muito provável que se encontrasse o ouvidor de Vila Rica. Estudante de cânones, padre José foi contemporâneo de Tomás Antônio Gonzaga na Universidade de Coimbra e de outros inconfidentes que estudavam pela Europa; entre eles, um primo pelo lado materno dos irmãos Oliveira, chamado Domingos Vidal de Barbosa Laje, que foi estudante de medicina na Universidade de Montpellier e de Bordeaux e, posteriormente, inconfidente condenado. Laje estava atento às novidades que "iluminavam" o mundo do século XVIII, tendo inclusive presenciado uma conversa com Thomas Jefferson sobre um possível apoio dos Estados Unidos à conspiração que se armaria em Minas. O encontro foi relatado por Laje ao primo Francisco Antônio de Oliveira Lopes.

Prisão de Tiradentes no Rio de Janeiro. A repressão aos inconfidentes atingiu também o sargento-mor Manoel Caetano Lopes de Oliveira, satirizado no pasquim

Tiradentes comunica a revogação da sentença aos outros inconfidentes

Irmão mais velho de Manoel Caetano, o coronel Francisco Antônio de Oliveira Lopes não é explicitamente mencionado no pasquim, embora estivesse envolvido na Conjuração. Nascido em Borda do Campo, no ano de 1750, Francisco seguiu a profissão militar por alguns anos, tendo adquirido patente de capitão logo de início e chegado ao posto de tenente-coronel. Apesar do progresso na carreira, o apelido herdado de "Come-lhe os Milhos" sugere certa burrice, conforme Márcio Jardim.[53] Dotado de pouco conhecimento das letras, o militar podia contar com a destreza da esposa no mundo dos escritos, da economia e da política.

Em 1781 casou-se com dona Hipólita Jacinta Teixeira de Melo, de família abastada, de grande dote e ascendência sobre o esposo. Dona Hipólita atuou diretamente em diversos momentos da Conjuração Mineira, sendo penalizada com o sequestro de bens, porém logrando escamotear uma parte significativa da sua fortuna. Graças à manobra da esposa, no confisco dos bens do marido foram registrados 74 escravizados, lavras de ouro, duas fazendas, gado, enfim, uma fortuna que superava 22 contos de réis, mas que poderia ser bem maior.[54]

A união não gerou frutos, todavia o casal criou duas crianças, uma delas filha de uma irmã de Bárbara Eliodora, esta conhecida esposa de Inácio José de Alvarenga Peixoto. Além do referido poeta, o coronel Francisco Antônio tinha relações de proximidade com um grupo de militares inconfidentes formado por Francisco de Paula Freire de Andrada e Francisco Antônio Rebelo. Entretanto, foi através do convite feito pelo militar Luís Vaz de Toledo Piza que ele passou a frequentar as reuniões dos sediciosos.

Se Manoel Caetano não se envolveu diretamente na Conjuração, os desdobramentos do movimento causaram-lhe enorme prejuízo, ao menos de imediato. Os bens de sua falecida mãe, que estavam em mãos do casal Francisco Antônio e Hipólita Jacinta, foram confiscados quando das prisões. O sargento-mor reverteria essa situação na Justiça, conseguindo reaver a parcela do seu quinhão como herdeiro. Com o processo aberto em 1794, teria acesso à parte do patrimônio da mãe, que incluía nove escravizados, que se juntam ao pecúlio com o qual se instala a seguir no discreto arraial do Calambau.[55]

Outro parente distante dos Oliveira Lopes tem lugar pronunciado nas trovas satíricas do pasquim. Ao contrário de Tiradentes, que ali ocupa papel secundário, surpreende a associação estabelecida entre Joaquim Silvério dos Reis e a Conjuração Mineira. É fato que Joaquim Silvério, o Silverino das *Cartas chilenas*, estava completamente enfronhado no projeto revolucionário. Fora convidado a tomar parte no levante pelo sargento-mor Luís Vaz de Toledo Piza, irmão do padre inconfidente Carlos Correa de Toledo e Melo, o qual, como vimos, também aliciara o padre José Lopes de Oliveira. Na linha de reforçar a participação de Silvério dos Reis na Inconfidência, o pasquim do Calambau traz uma versão substancialmente diferente daquela encontrada numa vasta e centenária historiografia acerca da Conjuração.

Na construção satírica, o lugar de cabeça da sedição não seria de Tiradentes nem de qualquer outro líder. Quem desejaria ser rei nas Gerais era Joaquim Silvério dos Reis! Emerge no pasquim uma opinião que poderia ser a corrente em Minas: seria ele o cabeça da Inconfidência. A favor dessa tese, num dos primeiros registros do momento das prisões em 1789, certo morador anônimo das Minas, escrevendo carta a um parente no reino, informa que se dizia ter sido Joaquim Silvério "o inventor de toda esta máquina e que meteu aos mais nesta tragédia".[56] Ele, o grande traidor do movimento, desleal à Coroa. "Cá nas Minas queria ser" príncipe, isto é, governar, "o diabo do Joaquim Silvério", diz um dos versos.

No pasquim do Calambau, a referência ao nefando sujeito evidencia sua participação na Conjura e faz correlação com a família Oliveira, não sem fundamentação. O nome de Joaquim Silvério dos Reis é considerado por muitos como o epítome das histórias de traição no Brasil. Essa carga, contudo, acaba por obscurecer seu papel ativo e interessado na Conjuração Mineira. Nascido em Portugal, Joaquim Silvério dos Reis (que após a sentença condenatória adicionaria o sobrenome Montenegro Leiria Guites) desembarcou no Rio de Janeiro em 1776, de onde comercializou sal e gado para a região do Serro e de Diamantina, obtendo sucesso pelo comércio. Entretanto, a arrematação do "contrato das entradas", para o período de 1782 a 1784, complicou sua vida financeira. Quando foi preso pelo crime de inconfidência, suas dívidas superavam a fabulosa soma de 213 contos (ou milhões) de réis.[57] Homem rico porém encalacrado, Joaquim Silvério demonstrou grande interesse ao ser convidado para a Conjuração, oferecendo dinheiro a Luís Vaz de Toledo Piza para arregimentar homens em São Paulo. Em Vila Rica, passou a se encontrar com outros inconfidentes, incluindo o padre José Lopes de Oliveira, a quem teria delatado. Engordando a pecha de traidor, é importante observar que Silvério dos Reis (que ficou preso até fevereiro de 1790) se casou no ano seguinte com Bernardina Quitéria, filha de Ana Quitéria e Luís Alves de Freitas Belo. Um detalhe relevante: Ana Quitéria pertencia ao clã dos Oliveira, sendo irmã do padre José, do coronel Francisco e do sargento-mor Manoel Caetano.

Antes mesmo do casamento, a relação de Joaquim Silvério dos Reis com os irmãos da futura sogra não devia ser das melhores. Como se sabe, ele apresentou a contundente denúncia de inconfidência ao visconde de Barbacena, governador de Minas Gerais. Todavia, não foi Silvério dos Reis o único a revelar os planos e os nomes dos conjuradores, incluindo o do padre José Lopes de Oliveira. Em maio de 1789, o próprio Francisco Antônio de Oliveira Lopes apresentou ao governador a sua versão dos fatos.[58] Silvério dos Reis já havia apresentado sua versão dos acontecimentos no dia 15 de março daquele mesmo ano, um dia depois da decisão, tomada pelo governador, de suspender a derrama.[59]

Os vínculos firmados entre os irmãos Oliveira e os conjurados eram de diversas ordens e, em muitos dos casos, sanguíneos. Por causa dessas relações e do grau de envolvimento identificado na devassa aberta para apurar a Inconfidência Mineira, Francisco foi condenado ao exílio em Angola, onde morreu em 1800, e José, que na condição de eclesiástico foi preso e enviado para Portugal, provavelmente morreu em 1796, quatro anos depois de lá chegar, na torre do forte de São Julião da Barra.

Já Manoel Caetano escapou ao escrutínio da Justiça, porém não da voz pública.

A OUTRA INCONFIDÊNCIA

Ainda que ofenda com xingamentos duros o sargento-mor, a pecha mais pesada que o pasquim atribui a ele é a de conspirador contra a soberania da monarquia portuguesa, buscando criar um novo governo. Com o uso do termo "inconfidente", o libelo destilava o veneno implacável da traição.

Numa monarquia, o crime de inconfidência era um dos mais graves, pois implicava a quebra do pacto sagrado de fidelidade entre o soberano e os vassalos. Na época, d. Maria I era a rainha de Portugal e seus domínios. Atentar contra pessoa régia ou seus representantes na capitania de Minas Gerais era considerado algo monstruoso, cabendo a aplicação do princípio jurídico de lesa-majestade de primeira cabeça, isto é, de traição à Coroa e ao Estado. Implicava ainda punições capitais das mais severas que havia, como "morte natural", o mesmo que pela forca, e "atroz", envolvendo queima ou esquartejamento do cadáver, confisco de bens, destruição e salgamento das propriedades. A infâmia, de acordo com a legislação, atingia também os condenados por crime de lesa-majestade, seus filhos e netos. O sargento-mor e seus descendentes escaparam da punição capital, mas, segundo quer fazer crer o pasquim em sua décima quadra, eles sofreriam o castigo de "não servirem em República", ou seja, de não poderem atuar nos postos administrativos em funções na Câmara Municipal, na Justiça ou na Fazenda, organizados para atender o bem comum nas vilas e povoados.

O fato de a mácula da traição se estender às gerações seguintes não escapou ao libelo do Calambau: "A ti e a descendência tua/ Ficará vil e abatido". Como o próprio advogado Azevedo e Melo reconhece no processo aberto em 26 de julho de 1798, as ofensas foram expostas propositalmente, de maneira que até "o mais rústico não pudesse ignorar" as acusações a Manoel Caetano e a "sua ascendência e descendência".

Com essa tópica central da infidelidade à monarquia, através do enunciado que evoca os inconfidentes, os autores do documento promovem ao mesmo tempo uma cerrada defesa da monarquia portuguesa, defesa cujo peso ali chega a rivalizar com o empenho de infamar um vizinho. Num dos trechos, alerta: "Monarca esclarecida senhora/ Esses bárbaros com soberba/ Querem ser reis/ Na sua monarquia".

O esforço de ressaltar essas "ligações perigosas" entre os Oliveira e vários inconfidentes, bem como a inversão nos papéis dos conjuradores, com destaque para Joaquim Silvério dos Reis, abrem espaço para uma avaliação distinta sobre os ideais políticos que eram defendidos pelos homens comuns de finais do século XVIII. Muito discrepante dos ideais republicanos e das figuras dos mártires, o pasquim apresenta uma sedição que visava criar uma nova monarquia em Minas Gerais.

Era inadmissível que os súditos ousassem fugir de suas obrigações sagradas com o governo régio, tramar contra a soberana e pretender se autogovernar, acreditavam os autores do pasquim. Só o pecado da soberba explicava tamanha insensatez. E, para não deixar dúvidas a respeito da confiança na centralidade régia para o equilíbrio do governo dos súditos, a figura da rainha é citada em oito ocasiões ao longo de um texto com o total de 41 quadras. Por certo, um recurso que reforçava a aquiescência do público que lia e ouvia a sátira. Cada um dos enunciados sobre d. Maria I encerra um dos predicados do governo real e católico, elaborando um retrato dos atributos que cercavam a realeza, a quem se devia adorar, honrar e servir. Num segmento alargado do documento, os ataques ao personagem são postos provisoriamente de lado para se buscar persuadir os moradores de tais obrigações. Desenha-se então um extraordinário programa de princípios com os elementos constitutivos da monarquia católica portuguesa associados à rainha.

"Devemos a cabeça ao monarca" assinala o princípio da boa ordem do corpo político graças à centralidade política e simbólica da monarquia, fonte da justiça que assegurava o equilíbrio entre todos.[60] A alusão à rainha como "Monarca esclarecida senhora" quer lembrar a sabedoria e as luzes da razão atinentes ao ofício de governar com prudência os domínios territoriais, cujo senhorio a monarca detém. O tratamento de "Vossa Alteza" combinado ao de "Vossa Majestade" ("Majestade" é modo de tratar imperial) registra a submissão hierárquica e a distância devidas em relação aos súditos, além de reverência. "Nos príncipes conhecemos/ os nossos monarcas velhos" consagra a hereditariedade capaz de estabelecer a legitimidade sedimentada no sangue dinástico. Por fim, "Viva a rainha de Portugal!" reafirma por meio do ritual da cerimônia da aclamação o vínculo simbólico com todo o valor sagrado de um juramento que celebra a submissão e a fidelidade ao ocupante do trono. Como bem sustenta Roger Chartier, a persuasão monárquica implicava que a representação do poder alcançasse, por textos ou palavras, mesmo aqueles que estivessem longe da presença efetiva do rei.[61]

O apego à religião nos versos provavelmente escritos pelo caixeiro, a esse tempo intimamente associados à política, transborda. O pecado capital da soberba, praticado pelo sargento-mor, é lembrado inúmeras vezes no esforço de detração[62] e rivaliza com a condenação por inconfidência. O apelo à Virgem Maria, a santa Teresa e ao Altíssimo, o invocativo celeste ("Ó céus!"), aliado a noções providencialistas quando a conspiração é descoberta ("De Deus veio o socorro"), se soma ao comportamento figurado do sargento-mor. Ao caracterizá-lo, o pasquim alude a eventos em que ele desrespeitou a "casa da mãe de Deus" e o "templo de Deus" em denúncias de que teria chegado a invadir a igreja e a brigar com vizinhos. O mesmo tipo de acusação foi feito na briga entre os dois, quando o alferes se queixou de que o sargento-mor, ao demarcar sua nova propriedade, "não respeitava o adro sagrado", pois a edificação invadia o espaço simbólico da capela, no qual não se podia nem construir nem comercializar.

Num momento político em que os laços de fidelidade das colônias com as monarquias vinham se deteriorando mundo afora, era preciso restaurar sua importância. E condenar

D. Maria I (1734-1816), rainha de Portugal, contra quem se insurgiram os inconfidentes

aqueles que se levantassem contra rainhas e reis. A defesa de d. Maria I e da harmonia política aparece em contraste com a representação de Manoel Caetano, seus parentes, e ainda Joaquim Silvério, Tiradentes, padres, clérigos e estudantes que integram o movimento inconfidente. Estes são, no espectro político, "falsos à soberana", traidores, "tiranos", "insolentes". Ao passo que ofendem também a religião por se comportarem como "bárbaros com soberbia", "mouros", "fariseus", "turcos", "judeus"; e dois dos conspiradores, Manoel Caetano e Joaquim Silvério, surgem caracterizados como o próprio demônio encarnado.

A condenação da Conjuração pelos contemporâneos pode provocar estranheza, visto que em nossa memória coletiva tratou-se de um episódio de rebeldia generalizada dos mineiros. A versão crítica apresentada pelo pasquim serve ao questionamento da tese de uma adesão maciça da população aos planos e ideias da Conjura. O pasquim do Calambau, destilando grande fervor pela monarquia e pela religião católica, é um registro reacionário, quiçá um manifesto que convoca a comunidade a sobrepesar as dramáticas mudanças pelas quais passavam as mentalidades dos grupos populares e intermediários nas Minas.

O mundo ao redor se transformava rápida e profundamente desde as duas décadas anteriores: a independência das colônias inglesas da América a partir de 1776; a descoberta e a repressão do movimento da Inconfidência nas redondezas de Mariana (1788-92); a Tomada da Bastilha e a execução do rei na França (1789-93); a Revolta de São Domingos (1791-1804); e a rumorosa prisão, no Rio de Janeiro, de vários homens de letras suspeitos de conspiração (1794-97). Monarquias caíam, repúblicas nasciam, colônias e homens se libertavam.

O pasquim parece ter sido ao mesmo tempo uma ferramenta espontânea de posicionamento político em defesa da monarquia que não se limitava à espacialidade de Calambau. A ofensa dirigida a um adversário local faz parte de uma peça que pretende difundir os ideais de fidelidade à Coroa portuguesa para todos os habitantes de Minas. E os autores revelam essa intenção no próprio documento: “Quem este nas esquinas achar/ Espalhe nas Minas Gerais”. Assim, alguns anos depois de debelada a Inconfidência, uma voz escrita e satírica permite uma visão mais plural do ambiente político tenso de finais do século XVIII.

Desde a preparação do rascunho até a reprodução das três cópias, o investimento na produção do pasquim foi alto, com gastos de papel e tinta, além do tempo para a escrita. Por sua vez, a divulgação dos exemplares em locais e estradas movimentados traduzia um empenho resoluto de espalhar os princípios de continuidade de adesão a Portugal, assim como de condenar qualquer iniciativa contrária. Colaborava para isso a espacialidade difusa, própria dos arraiais em Minas, que não separavam de maneira nítida as zonas internas, onde habitava a comunidade, das áreas externas.

No Calambau, um dos pasquins estava na parede de uma das casas pertencentes à irmandade de Nossa Senhora do Rosário, outro aparecera num largo, atrás da capela de santo Antônio, e o terceiro, na entrada do arraial, no caminho que levava para Guarapiranga. Não havia dúvida: os locais tinham sido escolhidos a dedo para capturar muitos dos que partilhavam da convivência com o infamado sargento-mor e outros que, pelas estradas que passavam por dentro do arraial, pudessem irradiar aquelas ideias condenadoras de súditos traidores.

Fazendo parte de um universo cultural dinâmico em que os pasquins manuscritos eram memorizados, copiados e difundidos, seu alcance foi decerto bem mais ampliado do que supomos. Ele não se reduziu a uma conversa de esquina. A sátira pretendeu convencer os moradores de Minas à atitude de submissão, exemplificada nos trechos da décima, quando apela para o restabelecimento da harmonia, após a breve conjuntura de conspiração e repressão: "Façam grande harmonia", recomenda aos que chegaram até o fim da leitura. E aposta ainda na recuperação do indigitado ("Agora emendar-se há de/ O patife do malvado"), confiante no poder persuasivo das palavras com que embalou a mensagem no escrito. Tampouco o pasquim do Calambau se assemelha a outras tantas "trovas de maldizer" preparadas na surdina para demolir reputações. Seus autores parecem ter buscado realizar uma intervenção política: passar um pito nos inconfidentes e resguardar a monarquia.

As disputas de ideias e projetos políticos que marcam a época chegaram com força a essas escrituras expostas que circulavam pelo Brasil. Alguns anos antes da prisão dos envolvidos na Conjuração Mineira, há notícia de que foi afixado na cidade de Mariana um pasquim "posto em nome dos quilombolas", no qual se dizia que "tudo que fosse homem branco do reino havia de morrer, e que só ficaria algum velho e clérigos".[63]

Em 1798, mesmo ano em que aparecem os pasquins no Calambau, bem longe dali, na Bahia de Todos os Santos, papéis clandestinos também amanheceram nas paredes da cidade de Salvador. Eram igualmente manifestações políticas perante um mundo em transformação. Porém, esses "ludibriosos pasquins", como os designou um professor de grego que ali vivia, não defendiam a monarquia: ao contrário, traziam uma contundente crítica ao governo e à religião. Além do mais, de acordo com a conjuntura local, os escritos tentavam mobilizar e empurrar a população escravizada, liberta e de cor para a revolta, no movimento conhecido como Conjuração Baiana. Nas paredes de Salvador, o sinal estava trocado em relação ao que se passou em Calambau. O "Aviso número 9" expressava que "O povo será livre do despotismo do rei tirano [...]". Outro aviso mencionava a imagem de "Povos curvados e abandonados pelo rei, [oprimidos] pelos seus despotismos".[64]

Ocorreram desdobramentos judiciais da devassa aberta para apurar a autoria do pasquim do Calambau. O caixeiro Raimundo de Penaforte e seu "amo", Domingos de Oliveira Álvares, foram identificados pela vítima e nos depoimentos como o autor das trovas e o mandante, respectivamente. Quatorze das testemunhas reconheceram que as letras eram do caixeiro — fosse por conhecê-las, fosse por encontrar semelhanças com outros escritos de Penaforte. Boa parcela dos inquiridos lembrou-se do conflito entre Manoel Caetano e Domingos Álvares, colegas de farda e "inimigos capitais", destacando que os xingamentos proferidos no dia 4 de junho eram os mesmos que vinham escritos nos papéis anônimos. As circunstâncias e indícios foram suficientes para que Lizardo Coelho Martins, na qualidade de juiz encarregado da devassa, concluísse pela "prisão e livramento" dos acusados. Esse procedimento jurídico indicava a prisão dos acusados, a menos que apresentassem uma "carta de seguro", isto é, um documento legal que lhes garantisse responder ao processo em liberdade, o que efetivamente fizeram.

Como Raimundo de Penaforte e Domingos de Oliveira Álvares refutavam qualquer envolvimento com o pasquim que circulou no Calambau, os reús apresentaram à Justiça uma carta de seguro em que negavam a autoria do crime, carta que foi assinada pelo ouvidor e corregedor da comarca de Vila Rica, dr. Antônio Ramos da Silva Nogueira.

Grosso modo, a Justiça da época invertia o tão conhecido princípio da presunção de inocência, de forma que, encontrando-se indícios substanciais, os acusados passavam à condição de culpados, até prova em contrário. Tanto era assim que, no dia 11 de julho, Lizardo Coelho Martins, o magistrado responsável, determinou que os nomes de Raimundo de Penaforte e Domingos de Oliveira Álvares fossem lançados no "rol de culpados".[65]

Nas vilas e cidades, a Justiça oficial de primeira instância era responsabilidade da Câmara Municipal, sendo juiz o vereador mais velho. No caso específico de Mariana, desde o início da década de 1730 havia um "juiz de fora" à frente da Justiça local. Os juízes de fora eram bacharéis formados em direito, aprovados e nomeados pelo rei para localidades de relevante interesse administrativo. Vila das mais antigas de Minas, criada com o nome de Ribeirão do Carmo em 1711, Mariana foi elevada à condição de cidade em 1745, quando se tornou sede do bispado.[66] Em razão de ausência, vacância ou impedimento do juiz de fora, a Justiça ficaria sob a responsabilidade do vereador mais velho, então denominado "juiz pela ordenação", no caso do pasquim o sargento-mor Lizardo Coelho Martins. É dele a assinatura — "Martins" — que acompanha cada depoimento da devassa. Sua jurisdição territorial envolvia todo o "termo" — a circunscrição territorial e administrativa da vila ou cidade, que poderia estar subdividida em freguesias e arraiais — de Mariana. Por isso, cabia à Justiça dessa cidade investigar crimes no arraial do Calambau.

No processo judicial que sucedeu à devassa, os réus foram representados pelo dr. Antônio da Silva e Souza, um dos advogados mais ativos de Mariana na segunda metade do século XVIII. Já o sargento-mor Manoel Caetano Lopes de Oliveira escolheu como patrono da sua causa o dr. José de Azevedo e Melo. Dos dois lados se encontravam bacharéis formados na Universidade de Coimbra, letrados capacitados que deixaram peças preciosas nas quais se realiza um embate jurídico de excelência nos auditórios da Câmara de Mariana e fora deles, pois a causa chegou ao Tribunal da Relação no Rio de Janeiro.

O advogado contratado pelo sargento-mor Manoel Caetano pediu vistas do processo no dia 26 de julho de 1798 e, na sequência, apresentou seu libelo acusatório.[67] Na peça judicial, os réus são identificados como responsáveis pela feitura de "três grandes cartazes difamatórios", de mesmo teor e com a mesma letra, que apareceram no arraial do Calambau. Como estratégia de acusação, o advogado ressaltava a ilicitude presente nos pasquins que espalhavam "injúrias [das] mais atrozes e pungentes" envolvendo o "nome, sobrenome e cargo" de Manoel Caetano; frisava o propósito difamatório dos pasquins, os xingamentos e tudo o mais que borrava a imagem que se queria passar de um militar cordato, o qual tratava a todos com urbanidade.

Por meio de palavras ou ações, o insulto visa atingir sobretudo a honra, bem precioso nas sociedades do Antigo Regime, mesmo naquela que, com suas peculiaridades, se assentou nas Minas Gerais. A injúria era uma espécie de "depressão do crédito", uma ofensa dita, realizada ou escrita que se faz contra o direito público e particular. A ofensa era ainda potencializada quando divulgada em público, reforçando ou criando a má fama de pessoa distinta socialmente. Nesse caso, a infâmia poderia ser legalmente classificada como atroz, segundo o alvará de 1753, ao passo que as maledicências ordinárias ou verbais, comuns no ambiente de Minas, quase nunca geravam um processo judicial.[68]

Para além de caracterizar a sátira como uma injúria atroz, o dr. Azevedo e Melo, conforme se pode verificar nos trechos do processo compilados neste livro, assentava seus argumentos sobre os depoimentos que reconheciam a letra e talho de Raimundo de Penaforte. Segundo o advogado, a motivação para o ataque satírico seriam litígios antigos, velhas rixas que serviram de combustível às altercações ocorridas nas proximidades da capela de santo Antônio de Calambau. Com base nessa sustentação, para a reparação da honra do autor do processo, pedia-se a condenação dos réus "em todas as penas civis e crimes", na disposição do "direito comum, leis do reino e suas extravagantes".

Em paralelo, a defesa de Raimundo de Penaforte e do alferes Domingos de Oliveira Álvares recorreu contra a pronunciação proferida pelo juiz Lizardo, que considerava injusta. Dirigindo-se figurativamente à rainha d. Maria I como a justiça encarnada, o advogado Antônio da Silva e Souza apostou numa tese das mais insólitas para defender os suspeitos, ao alegar que o pasquim teria sido confeccionado pelo próprio sargento-mor Manoel Caetano Lopes de Oliveira com o intuito de comprometer seu desafeto, o alferes Domingos de Oliveira Álvares: "sendo ele o próprio quem com outros seus sequazes os fizeram públicos e andaram lendo por diversas partes, criminosamente". A tentativa de inverter a autoria do libelo, contudo, mostrava-se frágil diante da constatação de que o manuscrito expunha aquilo que Manoel Caetano gostaria de empurrar para debaixo do tapete, sua participação na Inconfidência Mineira e outros eventos que maculavam sua imagem pública.

Talvez porque no fundo soubesse que sua tese de defesa era pouco convincente, Silva e Souza passou a dirigir suas considerações à forma como a devassa foi realizada, recurso comum nas chicanas de tribunal. A devassa aqui publicada teria algumas falhas processuais: não foi providenciado devidamente "o corpo de delito", qual fosse, a análise da letra do pasquim por um "perito". Por outro lado, a devassa incorria na irregularidade de identificar, logo de partida, os supostos feitores do pasquim, entre outros "erros e enganos criminosos e puníveis do escrivão sobre os quais se implora providência". Segundo o argumento de defesa, o tabelião ou escrivão, e não as testemunhas, deveriam identificar a autoria do pasquim pela análise das letras. Por isso, Silva e Souza pediu a nulidade da devassa, que deveria, ao contrário do que foi feito, ter inquirido as testemunhas sem pautá-las pela presunção de autoria do crime. Nos termos jurídicos da época, as devassas deveriam ser "gerais" e não "particulares", ou seja, sem identificar de início um suspeito. Quanto a isso, perguntava-se, com ar de afetação, o advogado: "Mas para que me canso eu em investigar e examinar tantas questões e opiniões de haver ou não devassa?".

Nos trâmites jurídicos, o advogado do sargento-mor Manoel Caetano Lopes de Oliveira apresentava, em contrariedade, a réplica ao agravo que seria encaminhado ao Tribunal da Relação do Rio de Janeiro, a mais alta corte no Brasil. Nessa instância, aos 27 de agosto de 1798, o dr. José dos Santos de Azevedo e Melo ponderava acerca da legalidade da devassa particular aberta que deveria apurar aqueles que propalavam "sátiras, cartas e libelos difamatórios". Segundo ele, a lei facultava ao difamado identificar os nomes daqueles que o ofenderam ou que contribuíram para o intento.

E a devassa não deixava dúvidas de que contra Raimundo de Penaforte pesava o relato de diversas testemunhas que reconheceram sua letra, sendo plenamente plausível provar sua culpa. O mesmo valia para o alferes Domingos de Oliveira Álvares, "porque poucos dias antes tinha publicado naquele arraial alguns dos mesmos convícios [injúrias], que formalizaram as trovas, que pela sua deformidade e grosseria, bem mostram ser do agravado".

Apresentados os argumentos dos advogados, na Justiça dos tribunais o advogado dos suspeitos levou a melhor. O Tribunal da Relação reconheceu a irregularidade no encaminhamento da devassa e sobretudo a fragilidade das provas, decidindo por tornar nula a culpa imputada a Raimundo de Penaforte e a Domingos de Oliveira Álvares. Ao sargento-mor coube o pagamento das custas do processo.

EPÍLOGO

Esgotados os recursos das partes e decidida a contenda jurídica, passados os anos, o processo infausto vai descansar nas prateleiras do arquivo da cidade de Mariana, guardando em seu ventre o exemplar do melindroso pasquim. Longe dali, seguiria a vida de todos os personagens do Calambau, alvoroçados entre junho e agosto de 1798 pelas palavras anunciadas nos muros e pela expectativa do desfecho daquele drama que tomou as ruas e chegou às barras dos tribunais.

Por certo a inimizade entre Manoel Caetano Lopes de Oliveira e Domingos Álvares não acabou. Depois de lamber as feridas, o sargento-mor continuou muito bem situado no Calambau, em cuja capela, a mesma diante da qual fora tão seriamente ofendido, batizou os filhos em 1804. O dono da loja, Domingos, perdeu de vez um dos fregueses mais abonados do lugar. Deve ter permanecido cuidando de seu estabelecimento, constrangido pelo vizinho poderoso mas inocentado num processo em que contou com a indiscutível competência de seu advogado para tornar inconsistente a acusação.

O possível autor gráfico do pasquim do Calambau, o caixeiro Raimundo de Penaforte, dos três o mais desassistido, precisou se afastar de Manoel Caetano e de seu "amo", ao que tudo leva a crer. Como caixeiro ou nas demais profissões que eventualmente exerceu, não teve chance de acumular fortuna, restando-lhe um fim melancólico.

Embora natural de Antônio Dias de Ouro Preto, onde foi batizado, não foi para lá que retornou depois das pasquinadas. No fim da vida, no ano de 1838, tinha uma casa térrea e velha em São Caetano — hoje Monsenhor Horta —, freguesia de Mariana, avaliada em oitenta mil-réis. Do primeiro casamento Raimundo de Penaforte teve dois filhos, Angélica e Francisco, para os quais tinha pouco a legar, assim como para a segunda esposa, Maria Rosa Dinis.[69] Também era velha sua minguada criação, resumindo-se a uma vaca e uma besta. Havia ainda um garrote, que pastava no quintal, onde se plantava café. Escassos eram os móveis da residência, uma mesa, um tamborete, um oratório com imagem. Idoso, parece ter encostado a pena que tanto usara para auxiliar o lojista do Calambau em seus negócios e para escrever o anuário católico que confeccionava com devoção.

Penaforte morreu pobre, acometido de uma doença que, ao que tudo indica, o consumiu por quase dois anos.

NOTA SOBRE A TRANSCRIÇÃO E MODERNIZAÇÃO DO PASQUIM, DA DEVASSA E DO PROCESSO

Na preparação das versões modernizadas dos documentos publicados nesta edição com base nos manuscritos do pasquim, da devassa e dos trechos do processo judicial, as intervenções obedeceram aos seguintes critérios gerais:

1. Atualização da ortografia e da concordância.

2. Inserção de pontuação (apenas quando imprescindível).

3. Desdobramento de palavras contraídas e de abreviaturas.

4. Padronização de palavras, topônimos e nomes próprios escritos com grafias variáveis ou arcaicas (optou-se

por "Calambau", embora ocorram "Calambaô" e "Calambão"; usamos "Raimundo" em vez de "Raymundo", "Álvares" em vez de "Alvarez" ou "Alveres").

5. Em relação ao uso de maiúsculas e minúsculas, aplicaram-se os padrões editoriais atuais.

6. Emprego do itálico para os termos em latim ou em outras línguas, e para abreviaturas desdobradas.

7. Modernização gramatical (por exemplo, de "em o" para "no").

8. As inclusões ou transcrições parciais de palavras aparecem entre colchetes.

9. Em partes ilegíveis dos documentos, utilizamos "[borrado]".

10. Fizemos uso de aspas quando nos depoimentos transcritos há menção às falas do autor ou do réu.

A qualidade dos registros textuais dos três documentos originais não é a mesma. No pasquim predomina uma enorme simplicidade gramatical e ortográfica, com muitas palavras escritas tal qual se pronunciam e organizadas numa sintaxe bem distante da usual em documentos elaborados por letrados na época. A redação da devassa e do processo, ao contrário, apresenta maior proximidade da forma então corrente de escrever.

Diante dessa diferença de padrões, foi necessário adotar procedimentos específicos de modernização, de acordo com as características de cada documento. A atualização do pasquim demandou o maior volume de intervenções. A curiosidade do leitor ou da leitora a respeito dos detalhes mencionados poderá ser atendida com o exame do fac-símile nas p. 12 e 13.

Na modernização do pasquim foram introduzidos pontos de exclamação e de interrogação. Mostrou-se ainda indispensável reinterpretar algumas poucas palavras do original cujo significado não se encaixava naquele apresentado pelos dicionários de época. Isso possibilitou que elas encontrassem correspondência lógica no contexto da narrativa. Foi o caso de "manqueira" (registrada no dístico após a quadra número 7), que avaliamos ser uma corruptela de "Mantiqueira", região de origem da afortunada família do sargento-mor Manoel Caetano Lopes de Oliveira. Algo similar acontece com o termo "confidentes", que julgamos melhor aproximar de um sentido mais corrente, substituindo-o por "inconfidentes".

Recorremos ao uso do itálico nas frases que se achavam sublinhadas no original. Foram retirados os marcadores gráficos, como linhas de divisão entre as estrofes, caixas ao redor dos números, ondulações (usuais na primeira coluna). Manteve-se, porém, a numeração das quadras, uma vez que auxilia os leitores atuais a compreender alguns dos argumentos do posfácio. Do original foi retirada a rubrica do tabelião estampada no verso do pasquim, no alto, à direita.

Ainda na versão modernizada do pasquim, várias frases que se perderam definitivamente com a destruição de partes do exemplar afixado em Calambau (reproduzido no fac-símile) precisaram ser recompostas. Isso foi possível graças à consulta aos traslados contendo o teor integral do pasquim feitos no corpo do processo onde encontramos as partes arruinadas. As referências a elas aparecem entre colchetes na versão semidiplomática que pode ser lida nas nas p. 177-89.

Para a publicação da devassa, além de modernizar o texto, removemos, a partir do segundo depoimento, as fórmulas processuais-padrão do preâmbulo das testemunhas, conforme indicado em nota de rodapé, substituindo-as por reticências entre colchetes. Suprimimos também do original a numeração das testemunhas, a segunda e a terceira ocorrência da "assentada", para evitar repetição (a primeira ocorrência foi mantida), e valores das custas no final.

Utilizamos notas de rodapé para esclarecer termos que, embora usuais no vocabulário atual, apresentavam sentido diferenciado (por exemplo, "travessia"), como também para palavras arcaicas (por exemplo, "mariola"), ou ainda para auxiliar na contextualização do propósito autoral (por exemplo, "governador").

Foram eliminadas as colunas e usou-se espaço para marcar as divisões entre quadras, dísticos e monósticos e a décima; a divisão entre as páginas procurou concentrar o máximo de estrofes em cada uma delas, respeitando as quebras indicadas no original.

Mapa da capitania de Minas Gerais (1810) (detalhe nas p. 6-7) mostra, entre outras, Vila Rica e a cidade de Mariana. A sudeste está o povoado de Calambau e seus arredores, com destaque para os rios e caminhos conectando as vilas aos centros urbanos mais importantes

MAPPA DA CAPITANIA DE MINAS GERAES
PARTE DA CAPITANIA DE PERNAMBUCO
PARTE DA CAPITANIA DA BAHIA
PARTE DA CAPITANIA DE GOYAS
COMARCA DO RIO DAS VELHAS
COMARCA DO SERRO DO FRIO
COMARCA DO OURO PRETO
COMARCA DO RIO DAS MORTES
PARTE DA CAPITANIA DE S. PAULO
PARTE DA CAPITANIA DO RIO DE JANEIRO
EXPLICAÇÃO
ESCALA DE LEGOAS

ANEXOS

TRANSCRIÇÃO SEMIDIPLOMÁTICA DO PASQUIM[1]

Lhe d[e] Bons Dias | 1 |
[S]em[ho]res que me lerem
Naô mibot[e]m fora
d[ei]x[e] todos verem

~~~~~~~~~~~~~~~~~~~~~~~~~~~~~~~~~~~

ABatase aSoberba | 2 |
ABatase oSim
declarome agora
que mixamo pisquim

~~~~~~~~~~~~~~~~~~~~~~~~~~~~~~~~~~~

---

eu quero falar | 3 |
mais naô poso dizer
faltame aItiligensia
p*ar*a esta obra fazer

~~~~~~~~~~~~~~~~~~~~~~~~~~~~~~~~~~~

Aobra vou fazer | 4 |
poresta Ser obrigado
quero agora dar prensipio
p*ar*a [iss]ô fui com vidado

~~~~~~~~~~~~~~~~~~~~~~~~~~~~~~~~~~~

Valhame a virgem Maria | 5 |
Valhame a S*an*ta Thereza
o homem lendo este papel
cai p*o*r de baixo da [me]za

~~~~~~~~~~~~~~~~~~~~~~~~~~~~~~~~~

Capitulo. | 6 |
O povo do calambaû
Notiçias vos quero dar
donoso Manoel caetano
quando foi ogeneral

---

dise ogeneral p*ar*a ao D*it*o

---

quem he vose...

---

respondeu elê| 7 |
Sou eu Manoel caetano
Sarg*en*to mor da companhia
[do] calambaû e trauisias
e mais contorno e freguizia

~~~~~~~~~~~~~~~~~~~~~~~~~~~~~~~~~

---

[d]ise ogeneral vose
[S]erá dos damanquejra

Saberá a vosa amx*celênci*a que naô
eu fui dos confidentes | 8 |
e porçer falso anosa monarca
padesi gr*an*des tromentos

---

dise ogeneral | 9 |

Isô he o que eu queria saber
esas couzas eu embaraso
tire Jâ esas botas
eponhase Jâ das cAlso

---

ati eadesendensia tua | 10 |
ficarâ vil eabatido
p*ar*a naô servir emRepublica
Ser de todos Rebatido

---

dizime Jâ falso traidor | 11 |
dizeme contra ti irado
Hes vil e des almado
mariola escomungado

---

dizeme compena de morte | 12 |
patifam emzoneiro
os castigos que tives ti
em o Rio de Janeiro

---

dise oManoel caetano respon
deu p*ar*a a Sua amx*celênci*a

Ô Ceos que espanto | 13 |
eu comfeso omeu dilito
deser falso aSoberana
eameu D*eu*s emfinito

---

fortes emgurias eu pasei | 14 |
etodos osmeus parentes
etodos nos padeçemos
emforcado o tiradente

---

estas disordem fica | 15 |
como aboroca dorato
Xeguei no rio deJaneiro
a Ser emforcado em estatoa

---

tudo isô foi presizo | 16 |
p*ar*a o emzemplo domundo.
bateuse asoberbias
castigarnos todos guntos

---

dise o tenente coronel pereira

---

o homem xegaraõ. a eses termos | 17 |
de ser falsos asoberana
atrividos emsolentes
naô. secontaô. taô tiranos

---

veiome pasmo eatonito | 18 |
aflito comtal dano
veiam povo o Suseso
do Sobrinho Manoel caetano

---

o quem sobera o quem sobera | 19 |
dentro dese coraçaô.
naô cazaria minha Sobrinha
con similhante geraçaô.

---

devemos acabesa a o monarca | 20 |
avida pela honrras
aalma ao altisimo
e esta daremos athe annos

---

monarca esclarisida [Sem]hora | 21 |
dise D*om* florianno embaxa[do]r

---

monarca esclarisida Senhora
eses barboro cosubirbia
querem serem Reÿ
nasua monarquia

---

vosa alteza eSenhora | 22 |
naô. vos paresa ser estoria
e o correio tiradente
andava conospapeis d[e]curriola

---

veia avosa magistade | 23 |
as leis dos emsolentes
bem hê que se emforquase
o correio tiradente

---

nos presipes conhesemos | 24 |
osnosos monarcas velho
câ nas minas quiria Ser
o diabo doJoaquim Silverio

---

queria estabeleser suas lezis | 25 |
p*ar*a todos andar os saltos
e ficando todos cativos
Brancos enegros emolatos

---

vire p*ar*a atras que ainda tem [mas]

De D*eu*x veio o se[co]rro | 26 |
p*ar*a castigar eses tolos
nimguem obedeseria
os filhadaputa deses mouros

---

mouro ˜ sepode xamar | 27 |
t[o]da vida como dantes
taõ.bem seaxava emliado
hu padres clerigos estudantes

---

esta fica p[o]r escrita | 28 |
po*r* delatados m*ui*tos anno
taõbem se axou hûpadre
Irmaô de Manoel caetano

---

a pobre Manoel caetano | 29 |
desgrasado sem ventura
hes abatido naterra
detodas as criatura

---

e [p]orto do o orbe da terra | 30 |
[Já] ti [com]hece po*r* apolim
fica[s desd]e Jâ abatido
[*par*]a seçlo sem fim

[No] Jardim Sô compete | 31 |
que nasa amilhor flor
o Sen*ho*r Manoel caetano
ficou homem sem valor

---

quem esta nas esquinas axar | 32 |
espalhe na[s] minas gerals
que morra Manoel caetano
viva a Rainha de purtugal

Sen*ho*r. Manoel caetano | 33 |
parese hû sutiriaõ.
e lá sefoi p*ar*a osalto
p*ar*a naô. asistir nafoncaõ.

---

na fonsaõ damai De D*eu*s | 34 |
dorrozario dos preto
[a]rritirose daparage
arrenego do tal Sugeito

---

torne p*ar*a a banda de sima | 35 |
[e]leia con atençaô.
[e verá] o que dis
[dess]e g[ra]nde a treiaô.

---

naô. respeitando o malvado
a hum templo de Deus | 36 |
pose logo arrezoins
que paresia hu farezeus

Já tem isô p*o*r o fisio | 37 |
este Judas farizeus
deter rrezoins com muzicus
nacaza damai de Deus

---

este famozo Judeu | 38 |
tem altura de hu turco
Xegou ahir ao couro
a ter rezoins com muzico

S*e*n*ho*r Manoel caetano | 39 |
daise diabo similhante
adivirtase com esta obra
que esta couza galante

Manoel caetano eu tedigo | 40 |
que abastas seres filho
de hu pai gimento he
p*o*r nome comolosmilho

---

a cabose acabose | 41 |
acabose meus amante
aqui findo esta obra
p*ar*a os homens do alevante

---

desima

Leia gente con atençaõ.
obem dehu prazer
deverem esta obra fazer
façaõ. gr*an*de armonia
dehua propria alegria
miespirou aminha vontade
agora em mendar seade
opatife do malvado
Senaô Serâ asoitado
nopolorinho daSidade

[À margem, verso, alto à direita]
Lomba [Rubrica]

CRONOLOGIA

POLÍTICA, INCONFIDÊNCIAS, BIOGRAFIAS E PASQUINS

1603

_ Ordenações Filipinas estabelecem proibição de pasquins.

1740

1.º DE MAIO _ É batizado José Lopes de Oliveira em Borda do Campo.

1750

30 DE JULHO _ Morre o rei d. João V de Portugal e sobe ao trono seu filho d. José I.

Nasce, em Borda do Campo, Francisco Antônio de Oliveira Lopes, filho de José Lopes de Oliveira e Bernardina Caetana do Sacramento.

1753

2 DE OUTUBRO _ Alvará proíbe "libelos famosos", pasquins, e estabelece procedimento de devassa.

1756

_ Nasce Manoel Caetano Lopes de Oliveira.

1769

18 DE AGOSTO _ Lei da Boa Razão.

1776

4 DE JULHO _ Declaração de independência da América inglesa.

1777

_ Morre o rei d. José I, e sua filha d. Maria I é aclamada rainha.

1783

10 DE OUTUBRO _ Luís da Cunha Meneses toma posse como governador da capitania de Minas Gerais.

1787

21 DE JULHO _ Encontro de Thomas Jefferson com o estudante José Joaquim da Maia em Nîmes, França, para tratar do apoio norte-americano à Conjuração de Minas Gerais.

1788

11 DE JULHO _ Posse do visconde de Barbacena no cargo de governador capitão-general de Minas Gerais (Vila Rica).

8 DE OUTUBRO _ Manifestações a favor de um levante durante festa de batismo de dois filhos de Alvarenga Peixoto, na casa do padre Toledo em São José del-Rei, caso a derrama fosse lançada em Minas Gerais.

20 DE DEZEMBRO _ Joaquim José da Silva Xavier, Tiradentes, retorna à capital de Minas Gerais, vindo do Rio de Janeiro, e faz propaganda do levante por todo o caminho. Em São João del-Rei alicia mais participantes.

26 DE DEZEMBRO _ Reunião mais importante dos inconfidentes, na casa de Tomás Antônio Gonzaga, em Vila Rica, com a presença de diversos conspiradores, na qual se discutem planos e o papel de cada um no novo governo.

31 DE DEZEMBRO _ Na localidade de Ponta do Morro, Francisco Antônio de Oliveira Lopes recebe de padre Toledo a notícia de que a sedição estava em marcha.

1789

FEVEREIRO _ O padre José Lopes de Oliveira, já envolvido na Conjuração, faz contato com Joaquim Silvério dos Reis, que havia sido aliciado em Vila Rica para a causa rebelde.

3 DE MARÇO _ Joaquim Silvério dos Reis é intimado pela Junta da Real Fazenda em Vila Rica a pagar as dívidas do contrato de entradas que arrematara.

13 DE MARÇO _ Tiradentes, a caminho do Rio de Janeiro para sondar os ânimos dos cariocas, se encontra na estrada com Joaquim Silvério dos Reis, e os dois trocam impressões sobre os planos da rebelião.

14 DE MARÇO _ O lançamento da derrama é suspenso pelo governador.

15 DE MARÇO _ O governador visconde de Barbacena recebe Joaquim Silvério dos Reis, que denuncia oralmente a preparação do levante.

12 DE ABRIL _ Joaquim Silvério dos Reis discute com alguns conspiradores, entre eles o padre José Lopes de Oliveira, fazendo insinuações contra o governador.

19 DE ABRIL _ Joaquim Silvério dos Reis entrega carta-denúncia ao governador, em Cachoeira do Campo.

20 DE ABRIL _ Na casa do padre Toledo, na vila de São José del-Rei, Inácio Alvarenga Peixoto, o padre José Lopes de Oliveira e outros se reúnem e tomam providências para dar início ao levante.

24 DE ABRIL _ O governador de Minas Gerais faz insinuações de que Tomás Antônio Gonzaga seria expulso de Minas em razão de alguns "pasquins".

3 DE MAIO _ Joaquim Silvério dos Reis se encontra com Tiradentes no Rio de Janeiro e sugere que ele fuja para não ser detido. Uma semana depois, no dia 10, Tiradentes é preso.

11 DE MAIO _ Início da devassa no Rio de Janeiro ordenada pelo vice-rei para investigar o crime de inconfidência.

17 DE MAIO _ Chegam a Minas Gerais as notícias das prisões no Rio de Janeiro, provocando um influxo nos planos de sedição, que vinham crescendo.

18 DE MAIO _ Francisco Antônio de Oliveira Lopes comunica a Francisco Antônio Rebelo que iria denunciar ao governador o fato de que Joaquim Silvério dos Reis promovia um levante.

20 DE MAIO _ Começam as prisões dos suspeitos de conspiração em Minas Gerais, entre eles Inácio Alvarenga Peixoto, Tomás Antônio Gonzaga e o cônego Luís Vieira da Silva. São enviados para as prisões no Rio de Janeiro.

21 DE MAIO _ Coronel Francisco Antônio de Oliveira Lopes, morador na Ponta do Morro, manda aviso a Francisco de Paula Freire para dar início ao levante em Minas Gerais. A mensagem não chega ao destinatário.

22 DE MAIO _ Começam no Rio de Janeiro os interrogatórios de diversas testemunhas e suspeitos na devassa.

12 DE JUNHO _ Prisão de Francisco Antônio de Oliveira Lopes em Vila Rica.

_ Abertura de devassa em Vila Rica por ordem do governador visconde de Barbacena.

30 DE JUNHO _ O padre José Lopes de Oliveira se entrega e é levado a Vila Rica.

14 DE JULHO _ Queda da Bastilha, em Paris, dando início à Revolução Francesa.

1790

17 DE OUTUBRO _ Em Lisboa, carta régia de d. Maria I ordena que a

sentença de pena de morte seja reservada apenas aos cabeças da conspiração.

1791

17 DE JANEIRO _ Abertura do processo contra os inconfidentes de Minas Gerais, no Rio de Janeiro.

_ Revolução escrava de São Domingos (Haiti).

1792

_ Em Portugal, d. João VI é nomeado príncipe regente.

18 DE ABRIL _ Réus eclesiásticos, entre eles José Lopes de Oliveira, são condenados à morte, com o confisco de todos os seus bens.

20 DE ABRIL _ Sentença definitiva de condenação dos réus da Conjuração Mineira. As penas capitais foram comutadas em degredo, exceto no caso de Tiradentes.

21 DE ABRIL _ Execução de Tiradentes no campo de São Domingos, no Rio de Janeiro.

23 DE MAIO _ Francisco Antônio de Oliveira Lopes, Alvarenga Peixoto e outros partem do Rio de Janeiro para o degredo em Angola.

24 DE JUNHO _ Partem do Rio de Janeiro para Lisboa, onde receberiam suas penas, os eclesiásticos José Lopes de Oliveira, Luís Vieira da Silva e outros.

1794

11 DE JUNHO _ Ofício do vice-rei conde de Resende, governador do Rio de Janeiro, ao chanceler do Tribunal da Relação desembargador Antônio Dinis da Cruz e Silva pede abertura de devassa contra os membros da sociedade literária do Rio de Janeiro.

AGOSTO _ O sargento-mor Manoel Caetano Lopes de Oliveira solicita em juízo a devolução dos bens da mãe que estavam em poder de seu irmão, Francisco Antônio de Oliveira Lopes, confiscados por seu envolvimento na Conjuração.

8 DE DEZEMBRO _ Novo pedido de abertura de devassa é apresentado ao Tribunal da Relação do Rio de Janeiro contra os membros da sociedade literária, processo que dura três anos e aprisiona onze suspeitos de conspiração contra a Coroa portuguesa.

1796

SETEMBRO _ O padre José Lopes de Oliveira falece na prisão, no forte de São Julião da Barra, em Lisboa.

1797

FEVEREIRO _ Ordem da Coroa ao vice-rei no Rio de Janeiro determina a soltura dos presos acusados de conspirar na sociedade literária.

1798

4 DE JUNHO _ Conflito público entre Manoel Caetano Lopes de Oliveira e Domingos de Oliveira Álvares. Calambau, Minas Gerais.

14 DE JUNHO _ Três pasquins infamando Manoel Caetano Lopes de Oliveira aparecem afixados no arraial do Calambau.

21 DE JUNHO _ Manoel Caetano Lopes de Oliveira dá entrada no cartório de Mariana à petição, junto com o pasquim, solicitando abertura da devassa.

27 DE JUNHO _ No arraial do Calambau, começam as inquirições da devassa para apurar as circunstâncias e responsabilidades pela redação e publicação do pasquim.

11 DE JULHO _ Em Mariana a devassa é concluída e seus autos registrados no cartório do Segundo Tabelião.

14 DE JULHO _ São expedidas ordens de prisão dos suspeitos de preparação e divulgação do pasquim, o alferes Domingos de Oliveira Álvares e o caixeiro Raimundo de Penaforte.

26 DE JULHO _ Abertura de processo para investigar o pasquim do Calambau com a apresentação, junto ao cartório do Primeiro Tabelião da cidade de Mariana, do libelo acusatório por parte do sargento-mor Manoel Caetano Lopes de Oliveira.

23 DE AGOSTO _ Os réus do processo, Domingos de Oliveira Álvares e Raimundo de Penaforte, apresentam agravo solicitando anulação da devassa realizada para investigar os pasquins.

12 DE AGOSTO _ Na Bahia, boletins manuscritos são afixados em locais públicos da cidade de Salvador, convocando a população para uma "revolução" que implantaria a "República Bahinense".

12-13 DE AGOSTO _ D. Fernando José de Portugal e Castro, governador-general da Bahia, designa autoridades para investigar a autoria dos boletins manuscritos.

20 DE AGOSTO _ Duas cartas assinadas pelos anônimos republicanos são encontradas na igreja do Carmo da cidade de Salvador. Uma é destinada ao padre prior dos Carmelitas Descalços, e a outra ao governador.

21 DE AGOSTO _ O desembargador responsável pela investigação da autoria dos pasquins de Salvador conclui ser a caligrafia de Domingos da Silva Lisboa, ainda que disfarçada.

23 DE AGOSTO _ Luís Gonzaga das Virgens e Veiga é preso, acusado de ser o autor dos pasquins sediciosos espalhados por Salvador.

25 DE AGOSTO _ Reunião no campo do Dique do Desterro discute o início do levante e a libertação de Luís Gonzaga das Virgens e Veiga.

26 DE AGOSTO _ João de Deus do Nascimento é preso e condenado à forca em Salvador.

27 DE AGOSTO _ Lucas Dantas de Amorim Torres, Romão Pinheiro e Inácio da Silva Pimentel são presos em Salvador.

31 DE AGOSTO _ José Félix da Costa é preso em Salvador.

11 DE OUTUBRO _ Outros dois boletins em forma de carta são encontrados na igreja do Carmo, pondo em xeque a autoria e o modo como as autoridades chegaram ao então culpado [Domingos da Silva Lisboa] que, naquela altura, se encontrava preso no Segredo [Cadeia] do Tribunal da Relação em Salvador.

10 DE NOVEMBRO _ O governador da Bahia manda soltar Domingos da Silva Lisboa.

12 DE DEZEMBRO _ No Tribunal da Relação do Rio de Janeiro, um acórdão sobre o pasquim do Calambau (MG) inocenta os acusados por falta de provas.

1799

24 DE FEVEREIRO _ O governador manda prender novamente Domingos da Silva Lisboa, em Salvador.

12 DE MARÇO _ José Barbosa de Oliveira, advogado da Santa Casa da Misericórdia e bacharel "formado", é nomeado defensor e curador dos réus suspeitos de participar do lançamento dos pasquins em Salvador.

1.º DE ABRIL _ Hermógenes Francisco de Aguiar Pantoja é declarado o último preso da devassa sobre a Conjuração Baiana.

8 DE NOVEMBRO _ Os alfaiates João de Deus do Nascimento e Manuel Faustino dos Santos Lira e os soldados Lucas Dantas de Amorim Torres e Luís Gonzaga das Virgens e Veiga são enforcados e esquartejados em praça pública sob a condenação de conspirar contra a Coroa portuguesa.

1814

3 DE MAIO _ Falece Manoel Caetano Lopes de Oliveira.

1816

_ Morre a rainha de Portugal, d. Maria I.

1818

_ D. João VI é nomeado rei.

1838

_ É confeccionado o inventário *post mortem* de Raimundo de Penaforte.

1845

_ Publicada a primeira edição parcial das *Cartas chilenas*, de Tomás Antônio Gonzaga, no Rio de Janeiro.

NOTAS

O PASQUIM (P. 15-30)

1 "General": possível referência ao governador da capitania; alusão à patente que acompanhava ocasionalmente governadores do Brasil.

2 "Travessias": caminho percorrido; caminho longo e ermo.

3 "República": comunidade política.

4 "Rebatido": rechaçado, repelido.

5 "Mariola": ladrão.

6 "Inzoneiro": sonso, manhoso, mexeriqueiro.

7 "Enforcado em estátua": encenação de execução capital em que se usava uma efígie simbolizando um condenado fugitivo.

8 "D. Floriano": possivelmente Floriano do Deserto, personagem do romance de cavalaria do século XVI *Palmeirim de Inglaterra*, do autor português Francisco de Morais.

9 "Correio": pessoa que sai às pressas, levando papéis e cartas; cúmplice.

10 "Corriola": quem se deixa enganar.

11 "Andar a saltos": rapinar, roubar.

12 "Orbe": globo da Terra ou celeste. O universo.

13 "Apoliom": diabo, principal demônio do abismo, o anjo do abismo mencionado no Apocalipse; termo hebraico para "destruidor".

14 "Salto": ver nota 11.

15 "Função": ofício religioso; missa.

16 “Rosário dos Pretos”: irmandade católica que associava homens e mulheres pretos.

17 “Razão”: altercação, disputa.

18 “Come-lhe os Milhos”: apelido detrator que alude a jumento.

19 “Levante”: protesto, sedição, levantamento dos povos.

A DEVASSA (P. 31-76)

1 “Devassa”: procedimento judicial secular ou eclesiástico para apuração de delito ou crime, com escrutínio dos fatos, inquirição de testemunhas e indicação dos envolvidos.

2 “Cidade”: título superior ao de uma vila (município e núcleo urbano onde se reúne a Câmara) recebido por Mariana pelo fato de abrigar o bispado.

3 “Juiz de fora”: bacharel formado em direito e provido pelo rei. Ocupa o cargo de presidente e de juiz na Câmara Municipal.

4 “Juiz de órfãos”: juiz que tem a incumbência de cuidar da administração dos bens, criação e rendas dos órfãos.

5 “Termo”: espaço territorial e jurisdicional sob administração da vila ou da cidade.

6 “Caixeiro”: quem cuida das finanças e guarda a caixa de dinheiro. No comércio é quem faz a escrituração, registra os recebidos e faz o pagamento.

7 “Alferes”: militar com a patente mais baixa entre os oficiais superiores. O posto era comum às tropas de linha, auxiliares e ordenanças.

8 “Endechas”: versos fúnebres, melodiosos.

9 “Despique”: rebater palavras picantes, agravos, grosserias. Picar quem nos picou.

10 “Amo”: o senhor da casa e dos seus criados. Trata-se aqui do patrão.

11 “Convícios”: injúrias, afrontas, palavras falsas.

12 “Régulo”: rei ou príncipe de um pequeno Estado ou reino. Rei de pouca força e poder.

13 “Lei Novíssima”: designação para normativas recentes, aqui, possivelmente, referindo-se ao alvará de 2 de outubro de 1753, que regulamentava o processo criminal contra pasquins.

14 “Assentada”: decisão jurídica ou procedimento no qual o escrivão se senta com o inquiridor para tomar testemunhos.

15 “Fazenda seca”: mercadoria não comestível.

16 A fórmula textual adotada no restante da frase que constitui o preâmbulo de cada depoente da devassa (após a identificação do nome e da qualificação de cada testemunha) se repete para todos os inquiridos no manuscrito original. Nesta edição, optamos por suprimi-la das transcrições das próximas testemunhas para proporcionar uma leitura mais fluida.

17 “Juízo universal de cada ano”: folheto manuscrito com prognósticos de fundo religioso.

18 No original vai escrito “Ah que de El Rei”, uma variação de “aqui del-rei”, interjeição que significa “socorro!”. Aqui optamos pela padronização, utilizando a forma mais corrente.

19 “Aplicação”: indica área sob administração dos bens da paróquia local.

20 "Serigueiro": aquele que faz cordões de seda ou chapéus.

21 O referido capitão Dionísio Álvares Ribeiro Guimarães deve ser o mesmo depoente Dionísio da Silva Guimarães. Mudanças na grafia dos nomes não eram estranhas no período.

22 "Latoeiro": indivíduo que confecciona caldeiras, candeeiros e tachos de latão ou cobre.

23 "Talho": refere-se à feição da caligrafia do autor material de um texto.

24 "Crioulo": escravizado nascido no Brasil.

25 "Venda de molhados": estabelecimento que comercializava mercadorias comestíveis.

26 O nome de Raimundo de Penaforte apresenta-se aqui e em algumas outras ocorrências da devassa acompanhado do sobrenome Lopes. No inventário do próprio, de 1838, consta Raimundo Pena Forte.

27 "Preta": natural da África.

28 "Furriel": oficial da tropa militar, situado entre o cabo de esquadra e o alferes.

29 "Prisão e livramento": quando se solicita a prisão, sem ignorar os direitos de livramento por meio de carta de seguro etc.

30 "Rol de culpados": relação dos acusados por algum crime, antes mesmo de transcorridos o processo e o lançamento da sentença definitiva.

O PROCESSO (TRECHOS) (P. 77-95)

1 "Libelo": no âmbito da Justiça, apresentação das razões por meio de escrito organizado em itens iniciados por "Provará".

2 “Vista”: referente ao requerimento dos advogados dos autores e réus num processo judicial para analisar este último e configurar acusação, réplicas e tréplicas.

3 “Corréu”: é aquele que compartilha as responsabilidades do ilícito com o réu.

4 *Scilicet*: termo em latim que, em livre tradução, significa “nomeadamente”.

5 “Leis extravagantes”: conjunto normativo legal que não consta no código geral, o qual, na época, eram as Ordenações Filipinas. Constituições canônicas ou dos príncipes. Leis que foram publicadas posteriormente às Ordenações Filipinas e que tinham a finalidade de complementá-las, suprimi-las ou anulá-las.

6 “Agravo”: ato de recorrer do despacho ou sentença proferida pelo juiz.

7 A réplica é dirigida à rainha d. Maria I, por isso inicia-se com “Senhora”.

8 “Agravado”: Levado a agravo.

9 “Segundo o ordenamento jurídico, não se conserva a forma de lei negligenciada.”

10 *Ex officio*, isto é, por obrigação do cargo, “de ofício”.

11 “Conservando-se o que deve ser conservado.”

12 “Ordenações”: trata-se das Ordenações Filipinas, de 1603, em vigor no período. Estatuto, decreto, conjunto de leis para ordenação e governo de um reino.

13 “Direito comum”: baseado no direito romano e em seus comentadores. Tinha valor de lei no Império Português.

14 “Direito pátrio”: direito produzido em Portugal.

15 João Pinto Ribeiro escreveu diversas obras no século XVII. A referida por Silva e Souza deve ser *Três relações de alguns pontos de direito que se lhe ofereceram sendo juiz de fora em Pinhel.*

16 “Constituições”: estatutos, regras civis ou eclesiásticas.

17 Lei de 18 de agosto de 1769, também chamada de Lei da Boa Razão.

18 Mateus Homem Leitão trabalhou na Inquisição de Coimbra e foi autor do livro *De jure lusitano*, publicado em 1645.

19 “Direito consuetudinário”: sistema jurídico baseado nos costumes e nas práticas judiciais.

20 Em latim, algo como: “especialmente na sua maneira usual”.

21 Para além dos autores mencionados nos argumentos do dr. Antônio da Silva e Souza, há provável menção a Manuel Mendes de Castro, autor da *Practica lusitana* e do *Repertório das Ordenações do reino de Portugal.*

22 “Gazua”: instrumento que serve para arrombar portas, algo como uma chave mestra.

23 “Acórdão da Relação”: decisão proferida e acordada pelo Tribunal da Relação do Rio de Janeiro.

POSFÁCIO (P. 97-174)

1 O arraial do Calambau é hoje em dia a cidade de Presidente Bernardes, condição que adquiriu em 1953, situada na Zona da Mata, em Minas Gerais; Waldemar de Almeida Barbosa, *Dicionário histórico-*

-*geográfico de Minas Gerais*, p. 270. No século XVIII, o local aparece também com a designação de Calhambau, Calambao, Calambáo ou Calambâo. "Calambao" é um fitotopônimo indígena cuja origem não é clara, parecendo mais verossímil acreditar que esteja relacionada a mato, uma vez que "ca" (do tupi *Ka'a*) significa "mata, mato". Waldemar de Almeida Barbosa endossa significado semelhante ao registrar a forma aglutinada "cala-ambau", traduzida por "mato ralo" ou "mato esparso"; W. de A. Barbosa, *Dicionário histórico-geográfico de Minas Gerais*, p. 66. Agradecemos tais indicações à professora Marcia Santos, do IHGMG.

2 "Alferes" era o primeiro posto oficial da carreira militar. Já sargento-mor era a mais alta patente militar de tropas auxiliares (civis destinados ao apoio em caso de guerra) e de ordenança (de origem civil com funções de defesa local), com nomeação feita pelo governador.

3 A capela era o centro dos arraiais, "o eixo simbólico de uma povoação". Ver Sérgio da Mata, *Chão de Deus: Catolicismo popular, espaço e proto-urbanização em Minas Gerais, Brasil: séculos XVIII e XIX*, p. 150-53.

4 Arquivo Histórico da Casa Setecentista de Mariana (AHCSM) — Inventário *post mortem* — 2.º Ofício, códice 76, auto 1633, ano 1814. Dados genealógicos de Manoel Caetano Lopes de Oliveira estão no site Family Search: https://www.familysearch.org/ark:/61903/1:1:QP7P-LBL5.

5 AHCSM — Processo-crime — 2.º Ofício, códice 204, auto 5102.

6 Eça de Queiroz, *A ilustre casa de Ramires*, p. 160-66.

7 Somente para Minas Gerais é possível contabilizar mais de meia centena de localidades com o nome de Santo Antônio; Waldemar de Almeida Barbosa, *Dicionário histórico geográfico de Minas Gerais*, p. 304-9; Ronaldo Vainfas, "Santo Antônio na América portuguesa: religiosidade e política", *Revista USP*, n.º 57, p. 28-37, 2003.

8 Renato Pinto Venâncio, "Os últimos carijós: escravidão indígena em Minas Gerais: 1711-1725". *Revista Brasileira de História*, São Paulo, v. 17, n.º 34, p. 165-81, 1997; Roberto Borges Martins, *Crescendo em silêncio: a incrível economia escravista de Minas Gerais no século XIX*.

9 Caetano da Costa Matoso, *Coleção das notícias dos primeiros descobrimentos das minas na América que fez o doutor Caetano da Costa Matoso sendo ouvidor-geral das do Ouro Preto, de que tomou posse em fevereiro de 1749 & vários papéis*, p. 259.

10 AHCSM — 2.º Ofício, "Rol dos que confessaram e comungaram no ano de 1766". Segundo o mapa de população de Calambau de 1838, havia ali 1677 moradores; Arquivo Público Mineiro (APM) — Coleção Mapa de População, Calambau, MP — Caixa 02, Documento 10.

11 Naquela época do ano, nos meses de junho e julho, o frio era intenso, especialmente à noite. Pela manhã, neblina. Segundo relato do barão Eschwege sobre a localidade de Mainart, região próxima a Piranga, datado do início de julho de 1818, "pessoas bastante confiáveis informaram que durante várias noites formou-se uma crosta de gelo da espessura de um dedo na superfície das águas paradas"; Wilhelm Ludwig Eschwege, *Jornal do Brasil (1811-1817) ou relatos diversos do Brasil, coletados durante expedições científicas*, p. 136.

12 A divulgação pioneira desse pasquim e sua interpretação cabem à professora Laura de Mello e Souza, "Tensões sociais em Minas na segunda metade do século XVIII", em Adauto Novaes (org.), *Tempo e história*, p. 363-64 (reedit. em *Norma e conflito: aspectos da história de Minas no século XVIII*, Belo Horizonte: Editora UFMG, 1999, p. 105-7), seguida por Álvaro de Araujo Antunes em "Considerações sobre o domínio das letras nas Minas setecentistas", *Revista Locus*, Juiz de Fora, p. 9-20, 2000, e em outros diversos estudos que escreveu. A localização do original na década de 1980 coube ao estudante de graduação de

história da Universidade Federal de Ouro Preto, Jair de Jesus Martins, quando atuava como bolsista sob orientação da professora Laura de Mello e Souza.

13 Naquele contexto, "general" parece ter sido um tratamento usado na linguagem comum para se referir ao governador de Minas Gerais, de acordo com alguns documentos; Tarcísio de Souza Gaspar, *Palavras no chão: murmurações e vozes em Minas Gerais no século* XVIII, p. 251. Nas *Cartas chilenas*, Tomás Antônio Gonzaga emprega "general" quando alude ao Fanfarrão Minésio, chefe de Governo. A patente aparece ainda nas sátiras de Gregório de Matos.

14 Existe uma considerável bibliografia especializada sobre os pasquins na época moderna. Além das obras citadas ao longo deste estudo, destacamos: Kátia Mattoso, "Bahia: 1798: os pasquins revolucionários", em *Da Revolta dos Alfaiates à riqueza dos baianos*, p. 317-30; André Luiz Alves Moreno, *Distribuição social da escrita nos movimentos sediciosos do Brasil de finais do período colonial*. E ainda: Michele Olivari, *Avisos, pasquines y rumores: los comienzos de la opinión pública en la España del siglo* XVII; Antonio Castillo Gómez, "Delinquir escribiendo: escrituras infamantes y represión inquisitorial en los siglos de oro", em M. Casado Arboniés (ed.), *Escrituras silenciadas en la época de Cervantes*, p. 283-96; A. C. Gómez, "El hilo de la historia: entre la necessidad y el placer: la formación de una nueva sociedade del escrito (ss. XII-XV)", em A. C. Goméz (coord.), *Historia de la cultura escrita: del Próximo Oriente Antiguo a la sociedade informatizada*, p. 216; Fernando Bouza, *Corre manuscrito: Una historia cultural del Siglo de Oro*; Natalia Silva Prada, *Pasquines, cartas y enemigos: cultura del lenguaje infamante en Nueva Granada y otros reinos americanos, siglos* XVI *y* XVII.

15 Robert Darnton, *O diabo na água benta, ou a arte da calúnia e da difamação de Luís* XIV *a Napoleão*, p. 369.

16 Antonio Castillo Gómez, "Entre la necessidad y el placer: la formación de una nueva sociedade del escrito (ss. XII-XV)", em A. C. Gómez (coord.), *Historia de la cultura escrita: del Próximo Oriente Antiguo a la sociedade informatizada*, p. 216.

17 Raphael Bluteau, *Vocabulário português e latino*, p. 296; Antonio de Moraes Silva, *Diccionario da lingua portugueza...*, v. 2, p. 405. Na legislação e em documentos oficiais são mais usuais as referências "papéis infamantes" e "cartas infamatórias".

18 Adriana Romeiro, *Vila Rica em sátiras: produção e circulação de pasquins em Minas Gerais, 1732*, p. 26.

19 Emanuel Araujo, *O teatro dos vícios: transgressão e transigência na sociedade urbana colonial*, p. 330.

20 "Sobre os pasquins espalhados em São Paulo", SP, 3 jul. 1767, *Documentos interessantes para a história de São Paulo*, v. XXIII, p. 187-90.

21 Adriana Romeiro, *Vila Rica em sátiras: produção e circulação de pasquins em Minas Gerais, 1732*. Sobre as circunstâncias em que aparecem os originais das *Cartas chilenas*, Carmem Silvia Lemos, *A justiça local: os juízes ordinários e as devassas da comarca de Vila Rica* (1750-1808), p. 105-6; Joaci Pereira Furtado, *Uma república de leitores: história e memória na recepção das* Cartas chilenas, *1845-1989*.

22 Carmem Silvia Lemos, *A justiça local: os juízes ordinários e as devassas da comarca de Vila Rica* (1750-1808), p. 105-6.

23 *Ordenações Filipinas: Livro* V, Silvia Hunold Lara (org.), p. 265-66. Para o início do século XIX, uma rica coleção de papelinhos que agitam o processo de independência foi publicada em José Murilo de Carvalho, Lúcia Maria Pereira das Neves e Marcello Basile, *Às armas, cidadãos!: panfletos manuscritos da Independência do Brasil* (1820-1823).

24 "Alvará fazendo caso de devassa à publicação de sátiras, e libelos famosos": "D. José [...] Faço saber aos que este meu alvará de lei virem, que por me ser presente que, sem embargo das penas, com que pela Ordenação, e mais por direito comum, devem ser castigados os que fazem, ou publicam sátiras, ou libelos famosos, ou por qualquer modo concorrem para que eles se façam, ou publiquem, é em grande prejuízo da honra de meus vassalos muito frequente este delito, pela dificuldade de se provar quais foram os seus autores, e mais pessoas, que concorreram para os ditos libelos, ou sátiras se fazerem, e publicarem; e também porque as pessoas ofendidas têm muitas vezes por melhor dissimularem a atrocíssima injúria, que pelo referido modo se lhes faz, ou vingarem-se ilícita, ou ocultamente, do que queixarem-se às justiças: e porque é de minha real intenção, que delito tão atroz não continue mais, antes se extinga com o justo temor do castigo: hei por bem fazer este caso de devassa [...] pelo que mando [...] governadores e desembargadores das Relações das conquistas [...] cumpram, e guardem este meu alvará de lei [...]", Lisboa, 2 out. 1753, em A. Delgado da Silva, *Coleção de leis, decretos e alvarás*, v. 1, p. 168.

25 Não confundir com frei Raimundo de Penaforte, franciscano, um dos nove religiosos que acompanharam Tiradentes até a forca no Rio de Janeiro e autor da relação "Últimos momentos dos inconfidentes de 1789 pelo frade que os assistiu de confissão".

26 Laura de Mello e Souza, *Desclassificados do ouro: a pobreza mineira no século* XVIII.

27 Sobre as assinaturas e suas potencialidades para a avaliação das "literácitas", ver Renato Pinto Venâncio, "Migração e alfabetização em Mariana colonial", em Ataliba Castilho (org.), *O português brasileiro*; Luiz Carlos Villalta, "O que se fala e o que se lê: língua, instrução e leitura", em Laura de Mello e Souza (org.), *História da vida privada no*

Brasil: cotidiano e vida privada na América portuguesa; Justino Pereira de Magalhães, *Ler e escrever no mundo rural do Antigo Regime: um contributo para a história da alfabetização e da escolarização em Portugal*.

28 Debalde, foram feitos esforços para localizar esses documentos no Arquivo Histórico da Casa Setecentista de Mariana.

29 Roger Chartier, *A aventura do livro: do leitor ao navegador: conversações com Jean Lebrun*.

30 Sobre o letramento e a cultura dos escritos, entre outros, ver Silvia Maria Amâncio Rachi Vartuli, *Por mãos alheias: usos sociais da escrita na Minas Gerais colonial*; Christianni Cardoso Morais, *Posses e usos da cultura escrita e difusão da escola: de Portugal ao ultramar, vila e termo de São João del-Rei, Minas Gerais* (1750-1850); Álvaro de Araujo Antunes, "Minas de letras: agentes e proposições analíticas acerca da 'cultura dos escritos' em Minas Gerais, 1750-1834", *Antíteses*, [S.l.], v. 13, n.º 25, p. 621-48, ago. 2020.

31 É o que conclui o estudioso Marcello Moreira, "*Litterae adsunt*: cultura escribal e os profissionais produtores do manuscrito sedicioso na Bahia do século XVIII (1798)", *Politeia: História e Sociedade*, v. 4, p. 105-33, 2004.

32 João Adolfo Hansen, *A sátira e o engenho: Gregório de Matos e a Bahia do século* XVII, p. 40.

33 Márcia Almada, *Das artes da pena e do pincel*, p. 52.

34 Arlete Farge, *O sabor do arquivo*, p. 61 e p. 63.

35 João Adolfo Hansen, *A sátira e o engenho: Gregório de Matos e a Bahia do século* XVII, p. 40.

36 Antonio Castillo Gómez, *Livros e leituras na Espanha do Século de Ouro*, p. 137; Fernando Bouza, *Del escribano a la biblioteca: la civilización escrita europea en la Alta Edad Moderna (siglos* XV-XVII), p. 25.

37 Seguimos aqui as análises de João Adolfo Hansen sobre a sátira, *A sátira e o engenho: Gregório de Matos e a Bahia do século XVII*.

38 Um certo "tenente" marca presença em diversas passagens das *Cartas chilenas*, de Tomás Antônio Gonzaga.

39 Em suas andanças, o personagem Floriano do Deserto combate ao lado de seu irmão, fica aprisionado na corte do Gran Turco, circula pela Europa cercado de donzelas até se casar; Margarida Maria de Jesus Santos Alpalhão, *O amor nos livros de cavalarias: o "Palmeirim de Inglaterra" de Francisco de Moraes: edição e estudo*. Ver ainda a edição brasileira, Francisco de Morais. *Palmeirim de Inglaterra* (ed. Fernando Maués, Lênia Marcia de Medeiros Mongelli, Raúl Cesar Gouveia Fernandes). São Paulo: Ateliê Editorial, Editora da Unicamp, 2016.

40 As referências a turcos e mouros eram conotações genéricas que naquela época se reportavam aos muçulmanos associados à imagem de sanguinários e traiçoeiros que negavam o Deus católico; Peter Burke, *Cultura popular na Idade Moderna*, p. 191; Jean Delumeau, *História do medo no Ocidente: 1300-1800: uma cidade sitiada*, p. 268. Nas *Cartas chilenas* fala-se também no "Gran Turco". Sobre judeus, referidos com desprezo, ver Peter Burke, op. cit., p. 191.

41 "Diabo" era referência comum na crítica política; Laura de Mello e Souza, *Inferno atlântico: demonologia e colonização, séculos XVI-XVIII*.

42 Ver Raphael Bluteau, *Vocabulário português e latino*, v. 6, p. 837.

43 Rita Marquilhas, *A Faculdade de Letras: leitura e escrita em Portugal no século XVII*.

44 Tomás Antônio Gonzaga, *Cartas chilenas*, Carta 5.ª, p. 128.

45 André Figueiredo Rodrigues, *A fortuna dos inconfidentes: caminhos e descaminhos de bens de conjurados mineiros* (1760-1850), p. 176-81.

46 A primeira ocorrência do apelido aparece no ano de 1736 numa ordem de prisão dirigida a "José Lopez Comelosmilhos" por provocar desordens na comarca do Rio das Mortes; Arquivo Nacional da Torre do Tombo, *Manuscritos do Brasil*, livro 14, f. 12.

47 Carla Maria Junho Anastasia, *A geografia do crime: violência nas Minas setecentistas*, p. 88. Sobre a estrutura militar das Minas Gerais e em específico sobre o distrito da Mantiqueira, ver Leandro Francisco de Paula, *Milícias negras nas Minas setecentistas: gênese e institucionalização (1695-1800)*, p. 79; André Figueiredo Rodrigues, *Um potentado na Mantiqueira: o inconfidente José Aires Gomes e a ocupação da terra nas Minas Gerais do século* XVIII, p. 173-81.

48 Os *Autos de devassa da Inconfidência Mineira* indicam tratar-se do sargento-mor Manoel Caetano; v. 2, p. 57.

49 *Autos de devassa da Inconfidência Mineira*, v. 2, p. 472-74.

50 José Murilo de Carvalho, "Tiradentes: um herói para a República", em J. M. de Carvalho, *A formação das almas: o imaginário da República no Brasil*, p. 55-73.

51 Informações detalhadas sobre os membros da família podem ser localizadas no site Family Search.

52 André Figueiredo Rodrigues, *Um potentado na Mantiqueira: o inconfidente José Aires Gomes e a ocupação da terra nas Minas Gerais do século* XVIII, p. 173-81.

53 Márcio Jardim, *A Inconfidência Mineira: uma síntese factual*, p. 149 s.; Menções ao apelido encontram-se nos *Autos de devassa da Inconfidência Mineira*, v. 1, p. 191 e v. 2, p. 39.

54 Em sua tese sobre aspectos econômicos dos inconfidentes, *A fortuna dos inconfidentes: caminhos e descaminhos de bens de conjurados*

mineiros (1760-1850), p. 181, André Figueiredo Rodrigues contabiliza 148 escravizados como propriedade de Francisco Antônio de Oliveira Lopes.

55 André Figueiredo Rodrigues, op. cit., p. 177.

56 Ver, entre outros, a carta de morador anônimo da comarca do Rio das Mortes, de setembro de 1789, documento publicado em "Boatos sobre os inconfidentes mineiros (1790)", em Afonso de E. Taunay, *Assuntos de três séculos coloniais (1598-1790)*, p. 153.

57 Para dados recentes sobre Joaquim Silvério, ver André Figueiredo Rodrigues, "Cartas-denúncia de Joaquim Silvério dos Reis: submissão ao poder instituído colocado em xeque", em A. F. Rodrigues e Charles Nascimento de Sá (org.), *Mundos coloniais: espaços e realidades plurais na América portuguesa*, p. 205.

58 Márcio Jardim, *A Inconfidência Mineira: uma síntese factual*, p. 154.

59 Kenneth Maxwell, *A devassa da devassa: a Inconfidência Mineira: Brasil-Portugal: 1750-1808*.

60 "A pessoa real é a cabeça da república; e nenhuma cousa na terra há sobre ela mais que a Lei, a que deve obedecer [...]", escreveu Plutarco, ainda referência na conduta civil dos súditos; apud Joaquim Romero de Magalhães, "As estruturas políticas de unificação", em J. R. de Magalhães (coord.), *História de Portugal*, v. 3, p. 73.

61 Roger Chartier, *A história cultural entre práticas e representações*, p. 195.

62 Pecado castigado com a humilhação na Bíblia, no pasquim Manoel Caetano é obrigado a ficar descalço, ao ser aproximado da condição de miserável. Nas *Cartas chilenas*, descalçar as botas aparecia como "triste privilégio de mendigos"; Tomás Antônio Gonzaga,

Cartas chilenas, p. 74. Muitas das tópicas presentes no pasquim do Calambau constam nas *Cartas chilenas*, aspecto que pode ensejar futuras pesquisas.

63 A menção a esse pasquim foi feita por Basílio de Brito Malheiro do Lago, quando do seu testemunho à devassa aberta para apurar a Conjuração Mineira; *Autos de devassa da Inconfidência Mineira*, v. 1, p. 153-54. O trecho citado foi utilizado por Tarcísio Gaspar, cujo trabalho capta inúmeras evidências de rumores traduzindo projetos populares de crítica política; Tarcísio de Souza Gaspar, *Palavras no chão: murmurações e vozes em Minas Gerais no século* XVIII, p. 214. O documento é citado e analisado ainda em Roberta Stumpf, "Remanejamento de identidades em um contexto de crise: as Minas Gerais na segunda metade do século XVIII", em *O Atlântico revolucionário: circulação de ideias e de elites no final do Antigo Regime*, p. 267.

64 Kátia M. de Queirós Mattoso, *Presença francesa no Movimento Democrático Baiano de 1798*, p. 149-50.

65 Trata-se do livro em que "se inseriam os nomes dos pronunciados pela justiça criminal, ou seja, daqueles que eram considerados culpados na fase de investigação e inquirição preliminar efetuadas em devassas e querelas"; Maria Gabriela Souza de Oliveira, *A força e a pena: as condenações criminais na comarca de Vila Rica (1731-1832)*, p. 30.

66 Sobre os juízes de fora e sobre a Câmara de Mariana, ver Débora Cazelato Souza, *Administração e poder local: a Câmara de Mariana e seus juízes de fora (1730-1777)*; Cláudia Maria das Graças Chaves, Maria do Carmo Pires e Sônia Magalhães (org.), *Casa de vereança de Mariana: 300 anos de história da Câmara Municipal*.

67 No libelo narravam-se os ocorridos que o réu poderia contraditar, seguindo-se as réplicas e tréplicas executadas por advogados ou, quando

não havia letrados, por algum rábula que detinha um conhecimento não universitário dos trâmites judiciais. Havia ainda espaço para solicitações de dilações ou exceções para esclarecer algum aspecto mal delineado ou questionar algum aspecto processual, antes de se exarar sentença, a qual poderia ser questionada por meio de agravo, apelação ou embargo à instância superior, como no caso em pauta, quando se recorreu ao Tribunal da Relação do Rio de Janeiro.

68 Para o século XVIII, dos 201 processos criminais constantes nos catálogos do Arquivo Histórico da Casa Setecentista de Mariana, exatos 39 (19,4%) eram de injúria; Luciano Guimarães Pereira, *A defesa da honra: ações de injúria no século* XVIII *em Mariana, Minas Gerais.*

69 AHCSM — 2.º Ofício, Códice 94, Auto 2009.

ANEXOS (P. 176-99)

1 Optamos pela transcrição semidiplomática, e não pela diplomática, para conseguir oferecer uma apresentação mais íntegra do documento. Como no exemplar original do pasquim há inúmeras lacunas causadas pela destruição do papel, a transcrição diplomática nos obrigaria a empregar a convenção "[corroído]" em todos os trechos perdidos, com perda substantiva de informações. Felizmente, nos traslados do pasquim que constam do processo judicial, em páginas que não foram selecionadas para publicação neste livro, pudemos recuperar esses trechos, os quais aparecem entre colchetes na presente versão, permitindo a reprodução integral e harmoniosa do conteúdo do documento. Encontram-se em itálico os desdobramentos de abreviações efetuados (por exemplo, "p*o*r" correspondendo a "p.r").

FONTES E BIBLIOGRAFIA

FONTES

Arquivo Histórico da Casa Setecentista de Mariana (AHCSM) (Mariana, Minas Gerais)

Processos-crimes: 2.º Ofício, códice 224, auto 5565, ano 1798.

2.º Ofício, códice 204, auto 5102, ano 1798 (devassa).

Inventário de Raimundo Penaforte: 2.º Ofício, códice 94, auto 2009, ano 1838.

Inventário *post mortem* de Manoel Caetano Lopes de Oliveira: 2.º Ofício, códice 76, auto 1633, ano 211 1814.

2.º Ofício, "Rol dos que confessaram e comungaram no ano de 1766".

Arquivo Público Mineiro (APM) — Coleção Mapa de População, Calambau, MP — Caixa 02, Documento 10.

Autos de devassa da Inconfidência Mineira. 2.ª ed. Brasília; Belo Horizonte: Câmara dos Deputados; Imprensa Oficial de Minas Gerais, 1978.

Documentos interessantes para a história de São Paulo, v. XXIII, 1896.

Matoso, Caetano da Costa. *Coleção das notícias dos primeiros descobrimentos das minas na América que fez o doutor Caetano da Costa Matoso sendo ouvidor-geral das do Ouro Preto, de que tomou posse em fevereiro de 1749 & vários papéis*. Org. Luciano Figueiredo e Maria Verônica Campos. Belo Horizonte: Fundação João Pinheiro; Centro de Estudos Históricos e Culturais, 1999.

Site Family Search: https://www.familysearch.org/ark:/61903/1:1:-QP7P-LBL5

BIBLIOGRAFIA

Almada, Márcia. *Das artes da pena e do pincel: caligrafia e pintura em manuscritos no século XVIII*. Belo Horizonte: Fino Traço, 2012.

Almeida, Carla Maria Carvalho de. *Ricos e pobres em Minas Gerais: produção e hierarquização social no mundo colonial, 1750-1822*. Belo Horizonte: Argumentvm, 2010.

Alpalhão, Margarida Maria de Jesus Santos. *O amor nos livros de cavalarias: o "Palmeirim de Inglaterra" de Francisco de Moraes: edição e estudo*. Lisboa: Universidade Nova de Lisboa, 2008.

Anastasia, Carla Maria Junho. *A geografia do crime: violência nas Minas setecentistas*. Belo Horizonte: Editora UFMG, 2005.

Antunes, Álvaro de Araujo. "Considerações sobre o domínio das letras nas Minas setecentistas", *Revista Locus*, Juiz de Fora, p. 9-20, 2000.

______. "Pelo rei, com razão: comentários sobre as reformas pombalinas no campo jurídico". RIHGB, Rio de Janeiro, v. 172, n.º 452, jul.-set. 2011.

______. "Injuriosas palavras: dimensões da cultura do escrito nos pasquins afixados em Calambau, Minas Gerais, 1798". In: Borges, Eduardo José Santos; Flexor, Maria Helena Ochi; Severs, Suzana Maria de Sousa Santos (org.). *Poderes, identidades e sociedade na América portuguesa (séculos XVI-XVIII)*. São Paulo: Alameda, 2017, p. 81-106.

______. "Minas de letras: agentes e proposições analíticas acerca da 'cultura dos escritos' em Minas Gerais, 1750-1834". *Antíteses*, [S.l.], v. 13, n.º 25, p. 621-48, ago. 2020.

Araujo, Emanuel. *O teatro dos vícios: transgressão e transigência na sociedade urbana colonial*. Rio de Janeiro: José Olympio, 1993.

Barbosa, Waldemar de Almeida. *Dicionário histórico geográfico de Minas Gerais*. Belo Horizonte: Itatiaia, 1995.

Bicalho, Maria Fernanda. "As câmaras ultramarinas e o governo do Império". In: Fragoso, João; Bicalho, Maria Fernanda; Gouvêa, Maria de Fátima. *O Antigo Regime nos trópicos: a dinâmica imperial portuguesa (séculos* XVI-XVIII). Rio de Janeiro: Civilização Brasileira, 2001.

Bluteau, Raphael. *Vocabulário português e latino*. Coimbra: Companhia de Jesus, 1713.

Bouza, Fernando. *Corre manuscrito: una historia cultural del Siglo de Oro*. Madri: Marcial Pons, 2001.

______. *Del escribano a la biblioteca: la civilización escrita europea en la Alta Edad Moderna (siglos* XV-XVII). [S.l.]: Ediciones Akal, 2018.

Boxer, Charles. *O Império Marítimo Português 1415-1825*. São Paulo: Companhia das Letras, 2002.

Burke, Peter. *Cultura popular na Idade Moderna*. Trad. de Denise Bottmann. São Paulo: Companhia das Letras, 1989, p. 191.

Carvalho, José Murilo de. "Tiradentes: um herói para a República". In: *A formação das almas: o imaginário da República no Brasil*. São Paulo: Companhia das Letras, 1990.

______; Neves, Lúcia Maria Pereira das; Basile, Marcello. *Às armas, cidadãos!: panfletos manuscritos da Independência do Brasil* (1820-1823). São Paulo: Companhia das Letras, 2012.

Chartier, Roger. *A história cultural entre práticas e representações*. Lisboa: Difel, 1990.

______. *A aventura do livro: do leitor ao navegador: conversações com Jean Lebrun*. 1.ª reimpr. Trad. de Reginaldo Carmello Corrêa de Moraes. São Paulo: Imprensa Oficial do Estado de São Paulo; Editora Unesp, 1998.

Chaves, Cláudia Maria das Graças; Pires, Maria do Carmo; Magalhães, Sônia (org.). *Casa de vereança de Mariana: 300 anos de história da Câmara Municipal*. Ouro Preto: Editora Ufop, 2012.

Darnton, Robert. *O diabo na água benta, ou a arte da calúnia e da difamação de Luís XIV a Napoleão*. São Paulo: Companhia das Letras, 2012.

Delumeau, Jean. *História do medo no Ocidente: 1300-1800: uma cidade sitiada*. Trad. de Maria Lucia Machado. São Paulo: Companhia das Letras, 1989.

Eschwege, Wilhelm Ludwig. *Jornal do Brasil (1811-1817) ou relatos diversos do Brasil, coletados durante expedições científicas*. Trad. de Friederich E. Renger, Tarcísia Lobo Ribeiro e Günter Augustin. Belo Horizonte: Fundação João Pinheiro, Centro de Estudos Históricos e Culturais, 2002.

Farge, Arlete. *O sabor do arquivo*. São Paulo: Editora Unesp, 2009.

Figueiredo, Luciano Raposo de Almeida. *O avesso da memória: cotidiano e trabalho da mulher em Minas Gerais no século XVIII*. 2.ª ed. Rio de Janeiro; Brasília: José Olympio; Editora UnB, 2000.

______. "Escrito pelas paredes". *Revista do Arquivo Público Mineiro*, Belo Horizonte, v. 50, n.º 1, p. 42-59, jan.-jun. 2014.

Furtado, Joaci Pereira. *Uma república de leitores: história e memória na recepção das* Cartas chilenas, *1845-1989*. São Paulo: Hucitec, 1997.

Furtado, João Pinto. *O manto de Penélope: história, mito e memória da Inconfidência Mineira de 1788-9*. São Paulo: Companhia das Letras, 2002.

Furtado, Júnia. *Homens de negócio: a interiorização da metrópole e do comércio nas Minas setecentistas*. São Paulo: Hucitec, 1999.

Galvão, Ana Maria de Oliveira. "História das culturas do escrito: tendências e possibilidades de pesquisa". In: Marinho, Marildes; Carvalho,

Gilcinei T. (org.). *Cultura escrita e letramento*. Belo Horizonte: Editora UFMG, 2010.

______; Batista, Antônio Augusto Gomes. "Oralidade e escrita: uma revisão". *Cadernos de Pesquisa*, São Paulo, v. 36, n.º 128, p. 403-32, 2006.

Gaspar, Tarcísio de Souza. *Palavras no chão: murmurações e vozes em Minas Gerais no século* XVIII. São Paulo: Annablume, 2011.

Gómez, Antonio Castillo. "El hilo de la historia: entre la necessidad y el placer: la formación de una nueva sociedade del escrito (ss. XII-XV)". In: Goméz, Antonio Castillo (coord.). *Historia de la cultura escrita: del Próximo Oriente Antiguo a la sociedade informatizada*. Gijón: Ed. Trea, 2001.

______. "Delinquir escribiendo: escrituras infamantes y represión inquisitorial en los siglos de oro". In: Casado Arboniés, M. (ed.). *Escrituras silenciadas en la época de Cervantes*. Alcalá de Henares: Universidad de Alcalá, Servicio de Publicaciones, 2006, p. 283-96.

______. *Livros e leituras na Espanha do Século de Ouro*. Trad. de Cláudio Giordano. Cotia: Ateliê Editorial, 2014.

Gonzaga, Tomás Antônio. *Cartas chilenas*. Org. de Joaci Furtado. São Paulo: Companhia das Letras, 1996.

Hansen, João Adolfo. *A sátira e o engenho: Gregório de Matos e a Bahia do século* XVII. São Paulo: Companhia das Letras; 1989.

Jancsó, István. "A sedução da liberdade: cotidiano e contestação política no final do século XVIII". In: Souza, Laura de Mello e (org.). *História da vida privada no Brasil: cotidiano e vida privada na América portuguesa*. São Paulo: Companhia das Letras, 1997.

Jardim, Márcio. *A Inconfidência Mineira: uma síntese factual*. Rio de Janeiro: Biblioteca do Exército, 1989.

Lara, Silvia Hunold (org.). *Ordenações Filipinas: Livro v*. São Paulo: Companhia das Letras, 1999.

Lemos, Carmem Silvia. *A justiça local: os juízes ordinários e as devassas da comarca de Vila Rica (1750-1808)*. Dissertação (Mestrado em história) — Belo Horizonte: Fafich; UMFG, 2003.

Machado, Maria de Fátima. *O central e o local: a vereação do Porto de d. Manuel a d. João III*. Porto: Edições Afrontamento, 2003.

Magalhães, Joaquim Romero de. "As estruturas políticas de unificação". In: Magalhães, J. R. de (coord.). *História de Portugal*. Lisboa: Círculo de Leitores, 1993, v. 3.

Magalhães, Justino Pereira de. *Ler e escrever no mundo rural do Antigo Regime: um contributo para a história da alfabetização e da escolarização em Portugal*. Braga: Universidade do Minho, 1994.

Marquilhas, Rita. *A Faculdade de Letras: leitura e escrita em Portugal no século XVII*. Lisboa: Imprensa Nacional; Casa da Moeda, 2000.

Martins, Roberto Borges. *Crescendo em silêncio: a incrível economia escravista de Minas Gerais no século XIX*. Belo Horizonte: Icam; ABPHE, 2018.

Mata, Sérgio da. *Chão de Deus: catolicismo popular, espaço e protourbanização em Minas Gerais, Brasil: séculos XVIII e XIX*. Berlim: Wissenschaftlicher Verlag Berlin, 2002.

Mattoso, Kátia M. de Queirós. *Presença francesa no Movimento Democrático Baiano de 1798*. Salvador: Itapuã, 1969.

______. "Bahia: 1798: os pasquins revolucionários". In: K. Matoso. *Da Revolta dos Alfaiates à riqueza dos baianos*. Salvador: Corrupio, 2004, p. 317-30.

Maxwell, Kenneth. "As causas e o contexto da Conjuração Mineira". In: Furtado, Júnia Ferreira (org.). *Diálogos oceânicos: Minas Gerais e as novas abordagens para uma história do Império Ultramarino Português*. Belo Horizonte: Editora UFMG, 2001.

______. *A devassa da devassa: a Inconfidência Mineira: Brasil-Portugal: 1750-1808*. São Paulo: Paz e Terra, 2001.

Morais, Christianni Cardoso. *Posses e usos da cultura escrita e difusão da escola: de Portugal ao ultramar, vila e termo de São João del-Rei, Minas Gerais* (1750-1850). Tese (Doutorado) — Belo Horizonte: Faculdade de Filosofia e Ciências Humanas, UFMG, 2009.

Moreira, Marcello. "*Litterae adsunt:* cultura escribal e os profissionais produtores do manuscrito sedicioso na Bahia do século XVIII (1798)". *Politeia: História e Sociedade*, v. 4, p. 105-33, 2004.

______. "Cultura escribal e o movimento sedicioso de 1798: A Pecia". In: *Escrita, memória e vida material: formas de transmissão da cultura letrada no Império Marítimo Português (séculos XVI-XVIII)*. São Paulo: Alameda, 2009.

Moreno, André Luiz Alves. *Distribuição social da escrita nos movimentos sediciosos do Brasil de finais do período colonial*. Salvador: Editora da UFBA, 2020.

Mott, Luiz. "Cotidiano e vivência religiosa: entre a capela e o calundu". In: Souza, Laura de Mello e (org.). *História da vida privada na América portuguesa*. São Paulo: Companhia das Letras, 1997.

Olivari, Michele. *Avisos, pasquines y rumores: los comienzos de la opinión pública en la España del siglo XVII*. Madri: Ediciones Cátedra, 2014.

Oliveira, Maria Gabriela Souza de. *A força e a pena: as condenações criminais na comarca de Vila Rica* (1731-1832). Tese (Doutorado em história) — Mariana: Ufop, 2018.

Paula, Leandro Francisco de. *Milícias negras nas Minas setecentistas:*

gênese e institucionalização (1695-1800). Tese (Doutorado em história) — Curitiba: UFPR, 2021.

Pécora, Alcir. *Máquina de gêneros*. São Paulo: Edusp, 2001.

Pereira, Luciano Guimarães. *A defesa da honra: ações de injúria no século XVIII em Mariana. Minas Gerais*. Mariana: Editora da Ufop, 2015.

Queiroz, Eça de. *A ilustre casa de Ramires*. Porto: Lello e Irmão Ed., 1951.

Rodrigues, André Figueiredo. "As múltiplas faces da devassa". *Revista do Arquivo Público Mineiro*, a. 46, v. 1, p. 36-49, 2010.

______. *A fortuna dos inconfidentes: caminhos e descaminhos de bens de conjurados mineiros (1760-1850)*. São Paulo: Globo, 2010.

______. *Um potentado na Mantiqueira: o inconfidente José Aires Gomes e a ocupação da terra nas Minas Gerais do século XVIII*. São Paulo: FFLCH-USP, 2021.

______. "Cartas-denúncia de Joaquim Silvério dos Reis: submissão ao poder instituído colocado em xeque". In: Rodrigues, A. F.; Sá, Charles Nascimento de (org.). *Mundos coloniais: espaços e realidades plurais na América portuguesa*. São Paulo: FFLCH-USP, 2021, p. 203-24.

Romeiro, Adriana. *Vila Rica em sátiras: produção e circulação de pasquins em Minas Gerais, 1732*. Campinas: Editora da Unicamp, 2018.

Sampaio, Francisco Coelho de Souza. "Prelações do direito pátrio, público e particular...". In: *Hespanha, Antônio Manuel: poder e instituições na Europa do Antigo Regime: coletânea de textos*. Lisboa: Fundação Calouste Gulbenkian, 1984.

Silva, A. Delgado da. *Coleção de leis, decretos e alvarás*. Lisboa, 1830, v. 1.

Silva, Antonio de Moraes. *Diccionario da lingua portugueza...* Lisboa: Na Officina de Simão Thaddeo Ferreira, 1789, v. 2.

Silva Prada, Natalia. "Cultura política tradicional y opinión crítica: los rumores y pasquines iberoamericanos de los siglos XVI al XVIII". In: Silva Prada, N.; Forte, Riccardo (coord.). *Tradición y modernidad en la historia de la cultura política: España e Hispanoamérica, siglos XVI-XX*. Cidade do México: Universidad Autónoma Metropolitana, Unidad Iztapalapa : Juan Pablos Editor, 2009, p. 89-143.

______. *Pasquines, cartas y enemigos: cultura del lenguaje infamante en Nueva Granada y otros reinos americanos, siglos XVI y XVII*. Colômbia: Editorial Universidad del Rosario, 2021.

Silveira, Marco Antonio. *Fama pública: poder e costume nas Minas setecentistas*. São Paulo: Hucitec, 2015.

Souza, Débora Cazelato. *Administração e poder local: a Câmara de Mariana e seus juízes de fora* (1730-1777). Dissertação (Mestrado em história) — Mariana: Ufop, 2011.

Souza, Laura de Mello e. *Desclassificados do ouro: a pobreza mineira no século XVIII*. Rio de Janeiro: Graal, 1982.

______. "Tensões sociais em Minas na segunda metade do século XVIII". In: Novaes, Adauto (org.). *Tempo e história*. São Paulo: Companhia das Letras, 1992, p. 363-64.

______. *Inferno atlântico. demonologia e colonização, séculos XVI-XVIII*. São Paulo: Companhia das Letras, 1993.

Stumpf, Roberta. "Remanejamento de identidades em um contexto de crise: as Minas Gerais na segunda metade do século XVIII". In: J. D. Rodrigues (ed.). *O Atlântico revolucionário: circulação de ideias e de elites no final do Antigo Regime*. Ponta Delgada: Centro de História de Além-Mar (Cham), 2012, p. 263-80.

Taunay, Afonso de E. "Boatos sobre os inconfidentes mineiros (1790)".

In: Taunay, A. de E. *Assuntos de três séculos coloniais* (1598-1790). São Paulo: Imprensa Oficial do Estado, 1944.

Vainfas, Ronaldo. "Santo Antônio na América portuguesa: religiosidade e política". *Revista USP*, n.º 57, p. 28-37, 2003.

Vartuli, Silvia Maria Amâncio Rachi. *Por mãos alheias: usos sociais da escrita na Minas Gerais colonial*. Tese (Doutorado). Belo Horizonte: Faculdade de Educação, 2014.

Venâncio, Renato Pinto. "Os últimos carijós: escravidão indígena em Minas Gerais: 1711-1725". *Revista Brasileira de História*. São Paulo, v. 17, n.º 34, p. 165-81, 1997.

______. "Migração e alfabetização em Mariana colonial". In: Castilho, Ataliba (org.). *O português brasileiro*. São Paulo: Humanitas, 1998.

Villalta, Luiz Carlos. "O que se fala e o que se lê: língua, instrução e leitura". In: Souza, Laura de Mello e (org.). *História da vida privada no Brasil: cotidiano e vida privada na América portuguesa*. São Paulo: Companhia das Letras, 1997.

Viñao Frago, Antônio. "Por una historia de la cultura escrita: observaciones y reflexiones". *Signo: Revista de Historia de la Cultura Escrita*, Alcalá de Henares, n.º 3, p. 41-68, 1996.

CRÉDITOS DAS ILUSTRAÇÕES

p. 6-7: Mapa da Capitania de Minas Gerais (1810). Acervo Fundação Biblioteca Nacional — Brasil

p. 12, 13, 96 e 126-27: 2.º Ofício, Códice 224, Auto 5565. Arquivo Histórico da Casa Setecentista de Mariana, IPHAN/MG. Reprodução de Alexandre Martins

p. 108-9: Alamy/Fotoarena

p. 110-11: Arquivo Marisa Vidigal Carneiro Ribeiro

p. 144: *Coronel Joaquim Silvério dos Reis*, autoria desconhecida (sem data). Coleção Personalidades Acervo Iconográfico/Arquivo Público Mineiro

p. 146: *A prisão de Tiradentes* (1914), de Antônio Parreiras. Óleo sobre tela. Museu Júlio de Castilhos, instituição da Sedac/RS, Porto Alegre. Reprodução de Karoline Carvalho

p. 147: *Tiradentes comunica a revogação da sentença aos outros inconfidentes* (sem data), de Leopoldino de Faria. Óleo sobre tela. Coleção Hecilda e Sérgio Fadel. Reprodução de Jaime Acioli

p. 157: Retrato de d. Maria I (1783), (atribuido a) Giuseppe Troni. Óleo sobre tela. Palácio Nacional de Queluz

AGRADECIMENTOS

A existência deste livro deve muito às contribuições de profissionais de diversas áreas e especialidades. Recorremos aos colegas para esclarecer dúvidas, apurar eventos, coletar informações, buscando escorar cada página desta obra com o máximo zelo que o rigor histórico exige. Se ainda assim restaram equívocos, nós nos responsabilizamos por eles, compartilhando os acertos e nossa máxima gratidão com aqueles que nos auxiliaram.

Ao Arquivo Histórico da Casa Setecentista, sob o cuidado do Iphan e do zeloso responsável pelo acervo, Cássio Vinícius, agradecemos o acesso à documentação em tempos pandêmicos e a permissão para publicar as imagens que compõem este livro. Na transcrição de todos os documentos aqui reunidos, contamos com a presteza e a expertise de Maria Gabriela Souza de Oliveira. Soélis Teixeira do Prado Martins nos ajudou a compreender as especificidades da língua portuguesa setecentista, enquanto Márcia Almada contribuiu na percepção de aspectos da materialidade do pasquim afixado no arraial do Calambau.

Para as referências sobre a história de Minas Gerais, tivemos a generosa colaboração dos professores Ângelo Alves Carrara, Douglas Cole Libby, Francisco Eduardo de Andrade, Marco Antonio Silveira e Renato Pinto Venâncio. Para as sedições que marcavam a sociedade movediça das Gerais, recorremos a Tarcísio de Souza Gaspar e a André Figueiredo Rodrigues, este, grande conhecedor da Conjuração Mineira e de seus envolvidos.

José Murilo de Carvalho foi um dos maiores entusiastas e incentivadores deste projeto.

Por fim, somos profundamente agradecidos à Chão, editora que, nas figuras de Beatriz Bracher e Marta Garcia, atendeu à provocação de Robert Darnton e resolveu levar a sério um pasquim satírico.

Este livro foi composto em Freight text em março de 2022.